Le romane

Autori: Roberta Petronio e Laura Pranzetti Lombardini
Illustrazioni: Aldo Sacchetti
Editing: The Goodman (Milano)
Progetto grafico: Camilla Polidori
Impaginazione: Agnese Bartesaghi

Redazione GRIBAUDO
Via Strà, 167/F
37030 Colognola ai Colli (VR)
redazione@gribaudo.it

Responsabile di produzione: Franco Busti
Responsabile di redazione: Laura Rapelli
Responsabile grafico: Meri Salvadori
Fotolito e prestampa: Federico Cavallon, Fabio Compri
Segreteria di redazione: Emanuela Falesiedi

FSC
www.fsc.org
MISTO
Carta
da fonti gestite in
maniera responsabile
FSC® C044117

Stampa e confezione: Arti Grafiche Dial Mondovì (CN),
azienda certificata FSC®-COC con codice ICILA-COC-000335

Socio Unico Giangiacomo Feltrinelli Editore srl
Via Andegari, 6 - 20121 Milano
info@gribaudo.it - www.gribaudo.it

Prima edizione 2022 [9(Ce)]

Roberta Petronio

Laura Pranzetti Lombardini

LE ROMANE

DIETRO LE QUINTE DELLA CITTÀ ETERNA

Illustrazioni
di Aldo Sacchetti

GRIBAUDO

INTRODUZIONE

Le romane sfuggono alla categoria unica, quella che sembra invece fare la fortuna della parigina e della milanese, più nette e granitiche nella loro convinzione di essere irripetibili e riconoscibili, e di poterlo dimostrare con poche pennellate ben assestate.

Dunque, l'impresa di tracciare il profilo della *domina romana*, ricco di sfumature e, tutto sommato, meno distante di quanto si pensi dai profili delle nordiche, è tanto ardua quanto la determinazione nel dimostrare che se è stata in silenzio finora, se non si è autocelebrata con manuali *ad hoc*, lo deve a due ordini di motivi: è molto impegnata (a dispetto di quanto si dica in giro), e ha creduto (o magari ha assecondato per cinismo o per indolenza) a tutti quelli che hanno provato finora a non farla sentire adeguata nei confronti dei due modelli di *femmina urbana* di cui sopra.

Le romane, non dimentichiamolo mai, si muovono in un territorio estremamente complesso e stratificato, marchiato a fuoco da una supremazia della Storia che viene da lontano, anzi da lontanissimo: il contesto, più che abbatterle, le ha fortificate.

Sono mediamente solari, e a volte "sopra le righe" per necessità (provate voi a vincere ogni giorno la "gara" con una scenografia come quella di Roma), ma non cadete nell'ingenuità di pensare che siano superficiali.

Dotate di una temperatura empatica decisamente alta, le romane praticano da sempre il delicato mestiere dell'accoglienza: chi arriva da un'altra città può anche sentirsi travolto da questo esemplare, pronto a condividere con gli altri il privilegio di vivere in un luogo pieno di stimoli e di contenuti. Voglia di fare colpo, o semplicemente generosa sorellanza, non importa. Il risultato è stupefacente.

Le romane sono abituate a gestire in scioltezza più situazioni limitrofe, tenendo sotto controllo contemporaneamente più mondi e con lo stesso atteggiamento – l'arte, la musica, la diplomazia, la politica – per prendersi il meglio da ciascuno. Un lavoro complicato (ma qualcuno dovrà pur farlo).

Non intendono la vita come un rigido palinsesto. Piuttosto flessibili, sono pronte a gestire ogni momento stra-ordinario, capace di portare un gusto inedito alla loro giornata. Cavalcare l'imprevisto, si sa, presuppone creatività, e le romane ne sono dotate.

Sono sensibili, si adattano, hanno i radar sempre accesi per capire dove va il *trend*, dove si trovano il posto giusto e l'evento migliore, e in quale momento vanno vissuti. In due parole: sono trasversali.

Obiettivamente, sanno improvvisare (trasformando un disvalore in virtù): se percepiscono che l'arte contemporanea è *cool*, alla fine riescono a parlarne sostenendo una conversazione anche se ne sanno poco o niente (la milanese in questo mostra un po' più di timidezza, e paura di sbagliare).

Il libro *Le romane* punta a risvegliare il loro orgoglio di appartenenza, tracciando nel frattempo le linee guida di un viaggio da insider nella città più bella del mondo: Roma.

“LA VITA DELLE ROMANE NON È UN PALINSESTO, L'IMPREVISTO FA PARTE DEL LORO VIVERE QUOTIDIANO.”

ORGOGLIO CAPITOLINO

Ci sono luoghi di cui le romane andranno eternamente fiere e dove non smetteranno mai di indirizzare lo sguardo perché hanno il potere di farle sentire uniche e al centro del mondo (e non è poco). Osservare al tramonto, dalla terrazza dell'Accademia di Francia, lo spettacolo del Cupolone che si illumina vale quanto una dose di integratori vitaminici, e si sa che le romane ne hanno bisogno per portare a termine anche solo una giornata qualunque, che non sarà mai uguale a un'altra, piena di piccoli e grandi impegni (e qualche fatica). La fontana del Bernini a piazza Navona, il Colosseo, il colonnato di San Pietro che richiama alla mente un abbraccio, e il Pantheon sono soltanto alcune delle "buone scuse" che convincono le romane ad accettare di vivere in un contesto urbano complicato ma assolutamente intrigante. Quando, attraversano le piazze più celebri, e si imbattono nel serpentone dei visitatori in coda, in cuor loro gongolano perché si sono sentite ripetere infinite volte che in qualsiasi altro posto del mondo «basterebbe uno soltanto dei monumenti di Roma per fare di una città una meta turistica desiderabile». Il Pantheon, per esempio: un luogo sacro eretto nel 27 a.C. con una speciale miscela di lava vulcanica e calcestruzzo, che ha superato indenne secoli di forze distruttive (dalle intemperie alle intemperanze umane). Le romane, a differenza dei turisti, sanno che il periodo migliore per visitare il Pantheon è in primavera, e sono due le date segnate in rosso nella loro agenda. Intorno al 21 aprile, giorno in cui si festeggia la fondazione di Roma e in cui il sole, verticale a mezzogiorno, entra in perpendicolare centrando perfettamente con i suoi raggi l'*oculus* della cupola e il giorno di Pentecoste, quando si celebra il rito della cascata dei petali rossi (di cui si occupano i vigili del fuoco di Roma), pieno di simbologie (fine del raccolto e Spirito Santo).

STRATI DI STRATIFICAZIONE

Roma è la città della stratificazione. E le romane lo sanno bene, le più attente ne hanno fatto già un punto di forza, le altre apparentemente lo subiscono, ma vengono comunque coinvolte nella scia. Quelle consapevoli sanno che le loro vite, come le loro giornate, sono come un sandwich a più strati e con tanti gusti diversi. Guai a non assaggiarli tutti e a non saper distinguere uno a uno i sapori. Il palato, con il tempo, con l'esperienza e soprattutto con la curiosità, diventa sempre più raffinato, perché qui si passa dal Barocco all'underground, da un ricevimento a Palazzo Farnese a uno *studio visit* a Centocelle, con uno schiocco di dita, nel giro di poche ore.

Non è difficile trovare conferme a questo allargamento dei confini urbani dove le romane hanno cominciato a muoversi con disinvoltura. L'ambasciatrice svizzera Monika Schmutz Kirgöz, di ritorno dopo quindici anni a Roma – dove era stata responsabile per gli Affari economici bilaterali –, ha sottolineato da subito il nuovo *standing* internazionale della città, guadagnato nel frattempo con l'evoluzione dei quartieri periferici diventati attraenti anche per i non residenti. Come? Grazie al traino della street art e dei locali che sperimentano vie alternative di intrattenimento. Per esempio il Pigneto, che ha disegnato negli ultimi anni una mappa ben definita e ben frequentata dalle romane. La libreria Leporello di Chiara Capodici, specializzata in arte (editoria fotografica e non solo) e coffee party, che propone libri difficili da trovare nelle librerie "di catena". Il cinema L'Aquila restaurato e di nuovo frequentato per le preview d'avanguardia. Gli aperitivi nella "pedonale" e le soste allo storico bar Necci, dove Pier Paolo Pasolini girò *Accattone* (attorno è pieno di murales che lo ritraggono). I brunch da Rosti, in una ex officina dove si va anche per il giardino a due passi dalla fermata della metro Pigneto. Non finisce qui: le romane alla ricerca di nuovi orizzonti vanno all'enoteca Vigneto (pareti turchesi e dehor), al bar Fattori e al British Corner, una sala da tè inglese con *sponge cake* che spunta alle cinque del pomeriggio, tazze e piatti con il bordo profilato d'oro e credenze che custodiscono una collezione di teiere colorate arrivate da Oltremanica. Un gioco di contrasti molto intrigante per le romane tendenza *hipster* che, dopo il rito della degustazione degli infusi, possono gettare un occhio a Zio Bici che vende e ripara biciclette con la stessa attitudine filobritannica. Infatti qui imperversa il modello Brompton, quello pieghevole che promette spostamenti snob e veloci, i cosiddetti "intermodali" (insomma, la due ruote si può chiudere velocemente per salire sui mezzi pubblici, caricarla sulla propria auto o custodirla in casa senza grande ingombro). E ora le romane possono andare anche a fare picnic a Borgo Pigneto dentro Villa Lauricella, uno spazio multiculturale con orto urbano, locanda e chiosco.

LE ROMANE E LA MOBILITÀ

Le romane conoscono i quartieri centrali nel dettaglio perché camminano molto, complici le *sneakers* che danno obiettivamente una marcia in più. La bicicletta negli ultimi anni ha smesso di essere un'esclusiva delle signore delle pianure del nord, e in particolare di Milano, che ne ha fatto una bandiera e uno stile di vita a cui le altre possono solo ambire. A Roma (è ufficiale) si sono formate due tribù, attorno e in sella alle due ruote: pedalata sportivo/agonistica o assistita. A parte un gruppo di reticenti alla batteria che mai e poi mai vorrebbero correre il rischio di venire considerate *agée* o poco elastiche, oppure semplicemente forti del loro raggio di azione (leggi spostamento) concentrato nei quartieri "piatti" (vedi il centro storico, Prati, Testaccio), c'è una considerevole fetta di motivate e sicure di sé, soprattutto residenti ai Monti Parioli, a Monti o a Monteverde, che non ha mai avuto dubbi: pedalata assistita tutta la vita e a tutte le ore per arrivare in perfette condizioni a un vernissage, a un invito, a un appuntamento di lavoro e a un aperitivo dribblando così le insidie dei sette colli (e del sudore). Il "biciclettaio" di via del Pellegrino è un *must* soprattutto il sabato mattina, dove belle coppie passano ad acquistare l'ultimo accessorio e anche a farsi gonfiare le gomme. Altri punti di riferimento per gli *insider* delle due ruote, indirizzi che le romane condividono con i propri mariti e compagni (la bicicletta ha preso il posto del jogging nel cuore delle sportive e degli sportivi della Capitale, insieme al canottaggio), sono al Villaggio Olimpico, oppure a piazza Fiume dove c'è l'insegna storica Lazzaretti.

«LA SMART, OGGETTO
DEL DESIDERIO DELLE ROMANE,
VIENE USATA COME SE FOSSE
AL CONTEMPO UN MOTORINO,
UNA BICICLETTA, UN SUV
E UNA BERLINA.»

Resiste non il fascino, ma l'utilità dello scooter, da cavalcare per raggiungere tutto in un attimo. I figli adolescenti, arrivati a un certo punto di consapevolezza e di maturità, lo sottraggono alle madri con la scusa che loro rappresentano un pericolo pubblico. Il casco rovina inevitabilmente la piega, è una certezza, quindi le romane appena possono lo mollano (indelebile è l'immagine di Anna Ferzetti nella serie web *Una mamma imperfetta* che entra nel Treebar di via Flaminia dopo aver lasciato i figli a scuola tenendo il casco in testa per tutta la durata della pausa caffè, un po' per pigrizia un po' per alienazione. Ovvero: "quando il casco diventa una parte di te").

Le romane la metropolitana la prendono raramente e ammettono che invece a Milano è il mezzo di locomozione privilegiato. Per una romana non c'è niente di più euforizzante dell'acquisto di un biglietto giornaliero per la metro milanese, perché la fa sentire immediatamente integrata nel tessuto urbano e sociale (è bello confondersi tra i fruitori), cosa che non può accadere con la stessa velocità in una metropoli complessa come Roma, e poi le dà la magnifica sensazione di poter raggiungere tutti gli obiettivi prefissati senza lo stress provocato dall'estensione della città.

Va detto però che il presente e il futuro (ormai liquidissimi) bussano alle porte con enorme rapidità, trasformando il suolo urbano in una giungla su asfalto dove le "liane" da afferrare al volo per lanciarsi da un quartiere all'altro sono diventate infinite: Ncc con le berline profumate, Uber con il brivido cosmopolita, il mondo dello *sharing* (utilitarie, motorini, biciclette elettriche e monopattini) impiegati tutti. C'è un mezzo di locomozione specifico che trovi a ogni ora della giornata e per ogni *mood* della romana che ha imparato a districarsi tra le quattro e le due ruote, restando però nemica giurata (a parte qualche eccezione di tendenza *young* o con matrice turistica) del sovrastimato monopattino. Una volta provato per curiosità, lo allontana come l'aglio a una cena con un papabile boyfriend, perché il sanpietrino – più croce che delizia, ripeterlo non guasta – crea un effetto terremoto sussultorio tra mandibola e vertebre. E non è il caso di mandare in fumo per uno "sfizio" giovanilistico tante sedute di fisioterapia, massaggi, pilates. I monopattini, insomma, sono visti come fumo negli occhi per l'inciviltà con cui vengono usati e soprattutto per l'istinto primordiale all'abbandono nei luoghi meno adatti a riceverli. A proposito: la volontà delle romane di difendere la città da invasioni di ogni genere ha fatto registrare un'impennata proprio nei giorni del clamoroso lancio di un monopattino da parte di una turista (evidentemente di poca cultura) giù per i preziosi gradini di Trinità de' Monti. Un impegno civile sostenuto da cittadine battagliere, che non si lasciano andare allo sconforto, ma creano comitati e firmano appelli.

Date queste premesse, gli autobus in fondo sono il male minore, basta non prenderli negli orari di punta. Ma la palma del vincitore del festival per il mezzo di trasporto più desiderato, quello che fa quadrare tutto in una città a dir poco complessa (parcheggio, comodità, glamour), la conquista una due posti (e non si tratta del "duetto" dell'Alfa Romeo): l'oggetto del desiderio delle romane è la Smart, che viene usata al contempo come fosse un motorino, una bicicletta, un SUV e una berlina. Il popolo delle signore (e anche dei signori) in Smart è dipinto con genialità e ironia su Instagram da TheRomanPost, che tiene d'occhio la città dal Pigneto a Roma Nord, dove ogni giorno vengono snocciolate con didascalie argute le immagini di Smart parcheggiate in luoghi e modalità alquanto creativi e pittoreschi. Testimonianza che la romana, per sopravvivere, va oltre le strisce blu e usa tutta la fantasia di cui è capace.

ITINERARIO CONTESO

I tassisti sono di tanti tipi, ma mai quanto le romane. C'è il colloquiale che sforna pillole di saggezza popolare che fanno riflettere, c'è il moralista, c'è chi ascolta e tace, chi controbatte e anche chi ascolta e riferisce. Non manca il tassista tifoso sfegatato di calcio che ascolta la radio sportiva, e questo è il tipo più temuto dalle romane refrattarie al tema "pallone in cuoio". Quelle abituate ad avere almeno due volte l'anno il derby Roma-Lazio in famiglia lo tollerano. In ogni caso, il punto centrale resta l'itinerario: è qui che le romane vogliono comunque dire la loro, per poi pentirsi il più delle volte perché l'esperienza del conducente è difficile da smentire, e lo stesso per le corsie preferenziali. Il tassista più apprezzato è quello che lascia un buon ricordo di sé aspettando che la signora entri nel portone di casa soprattutto la sera; i migliori in assoluto aspettano che il portone si chiuda e non schizzano via alla velocità della luce una volta che il piede della romana si poggia sul suolo.

FOLLA E FOLLIA

Le romane, abituate da sempre a dribblare manifestazioni, cortei, blocchi, *pride* e mezze maratone (in questo ultimo caso alcune esclamano tra sé e sé: "Oh, no, di nuovo quegli esaltati in mutande!") davanti al nastro bianco e rosso che le costringe a ripensare la traiettoria – e ai bus dei manifestanti che intasano quasi ogni giorno le strade – hanno praticamente smesso di far salire la rabbia oltre il livello di guardia. Casomai si rammaricano perché hanno dimenticato di ascoltare le news. Sottoposte a continue prove di sopravvivenza e di convivenza con l'Imprevedibile, le romane sono pronte a tutto: il risultato è che quando sono in trasferta nelle altre città, allenate come sono ad affrontare percorsi a ostacoli, hanno l'impressione di camminare a venti centimetri da terra, sentono di poter ottenere tutto, di poter raggiungere qualunque obiettivo. Cresce un senso di onnipotenza molto gratificante, che le ripaga di tutti i sacrifici e i torti subìti nel proprio "playground" cittadino, meraviglioso e sinuoso quanto l'iconico (e simbolico) Muro Torto.

Per le romane alzare gli occhi al cielo non equivale soltanto a un'espressione di insofferenza: loro sono abituate a volgere spesso lo sguardo in alto per scorgere il roboante e potente rumore delle eliche degli elicotteri che controllano i cortei dall'alto, ma soprattutto hanno l'abitudine di riconoscere quando l'elicottero presidenziale, o quello papale completamente bianco, sorvolano la Capitale e, di conseguenza, le loro teste. Sono anche avvezze a distinguere gli elicotteri delle forze dell'ordine, tacita bussola in caso di assembramenti, che sembrano suggerire: "Cambiate strada, non è il caso di dirigervi verso quella zona". E poi, il 25 aprile e il 2 giugno aspettano le Frecce Tricolori: al passaggio della Pattuglia Acrobatica Nazionale alzano la testa e, se possono, scattano la foto della scia verde, bianca e rossa, finché questa non si dirada.

Il senso di ammirazione o di smarrimento dura lo spazio di un battito di ciglia, poi le romane reagiscono ed escono dall'impasse superando l'ostacolo.

PORFIDO A BLOCCHI

Sanpietrino, croce e delizia. Delizia perché ci ricorda che veniamo da lontano. Croce perché le romane che, soprattutto la sera, continuano ad amare i tacchi di ogni misura, scarpe di buona fattura e femminili hanno messo a fuoco il nemico giurato. Anche perché: a cosa serve fare il giro nel Tridente senza poterle acquistare e farle restare un feticcio? Che senso ha se le compri e poi non puoi usarle, ma solo ammirarle nella cabina armadio come un bel soprammobile? Tanta caparbietà: quando sai come affrontare il sanpietrino, non ti fa paura più nulla. Quanti tacchi incastrati e, se rivestiti di pelle o camoscio, sbucciati irrimediabilmente! In cuor loro, però, le romane sono coscienti che è un pavé (prediligono comunque quello di brillanti) che rende unico il centro storico e San Pietro. Ma è solo un attimo di orgoglio campanilistico, poi scatta il malumore. Da qualche amministrazione a questa parte sembra che si faccia il "gioco delle tre carte": visto che nessuno ha il coraggio di dire chiaramente che i sanpietrini sono un problema, perché basta il passaggio dei bus o dei furgoni del trasporto merci (che rifornisono i market del centro), oppure un violento temporale per creare il dissesto stradale, la sensazione è che vengano tolti da alcune strade e spostati in altre. Fumo negli occhi che le capitoline hanno imparato a neutralizzare.

I blocchetti 12 x 12 x 6 cm di leucitite nascono nel 1725, quando l'economo della Fabbrica di San Pietro, viste le pessime condizioni delle strade e che una carrozza che portava il Papa si stava ribaltando, decise di lastricare la piazza con i blocchetti; gli stessi nei quali la romana saltuariamente inciampa mentre si chiede ancora "Perché"? L'artista Baldo Diodato, forse per sublimare in modo inconscio la "scomodità" di quella pietra, nel 2016 ne ha fatto una cifra artistica in una mostra curata da Achille Bonito Oliva, *Pedibus Calcantibus*, alla Galleria Nazionale. Adrian Tranquilli, negli anni Novanta, ha creato delle installazioni di sanpietrini e rose. E la gelateria Fassi ne ha fatto una linea di semifreddi per lo stesso motivo, o paventando l'estinzione? In realtà, perché la pavimentazione del grande locale che ospita la gelateria dal 1880 era costituita da cubetti di porfido.

In ogni caso, a Roma il sanpietrino è un'imperitura pietra miliare. Di fronte a tanta leggenda le romane reagiscono con tanta caparbietà (quando sai come affrontare il sanpietrino, non ti fa paura più nulla) alternando la *sneaker* alla scarpa bassa per poi, raggiunta la loro destinazione in macchina e sapendo che la sera la ZTL – zona a traffico limitato – è aperta, indossare l'amato tacco, magari nell'androne del palazzo dove sono invitate. Le romane sanno dribblare anche la Storia.

«SANPIETRINO, CROCE E DELIZIA.
QUANTI TACCHI INCASTRATI
E SBUCCIATI IRRIMEDIABILMENTE!
LA ROMANA INCIAMPA E SI CHIEDE
ANCORA "PERCHÉ?".»

IL SALOTTO CHE FU

Il salotto romano ha fatto la sua epoca. La "nave scuola" è stato il circolo di Maria Angiolillo sopra piazza di Spagna, complice anche la posizione assolutamente unica occupata nella topografia della città. Un villino affacciato sulla Scalinata di Trinità de' Monti, ma con entrata dalla Rampa Mignanelli, laterale, appartata, collegamento più discreto con la piazza dove si affacciano la maison Valentino e l'Ambasciata di Spagna presso la Santa Sede. Era qui che si assiepavano i paparazzi per catturare le immagini degli ospiti diretti al villino Giulia, regno strategico della signora Angiolillo, moglie del fondatore del quotidiano "Il Tempo" quando era l'antagonista del "Messaggero". Potere puro. Al suo desco dovevano sedersi i politici in carica (altrimenti come potevano conseguire gli accordi?) – fu presa sotto l'ala della principessa Isabella Colonna – e poi almeno un alto prelato, un nobile e un diplomatico. In tante hanno cercato di emularla, ma nessuna è riuscita come lei a catturare lo spirito del momento storico. Sicuramente nelle attuali colazioni muliebri si continuano ad affrontare temi spinosi come l'elezione di un presidente della Repubblica, ma lei resta ineguagliabile anche nella "consegna del silenzio" rispettata dai frequentatori di quell'ambito "club", come Bruno Vespa, fondatore di un altro salotto nazional-romano che poteva nascere e nutrirsi solo nella Capitale: *Porta a Porta*. A proposito, la redazione del longevo format di Rai 1 conta su un gruppo di romane – tra cui il braccio destro e "dolcemente armato" **dell'autore** Antonella Martinelli –, abili nel districarsi tra le pieghe del mondo della politica, dell'attualità e dello spettacolo e nel decidere chi attirare nella corte di Vespa (ovvero «colui che tutto move»). Quando parlano di attualità e vogliono dimostrare di essere informate, le romane pronunciano solo il nome di battesimo, Bruno, e per un fugace attimo si sentono opinioniste, allergologhe, criminologhe, politiche, cambiando ruolo tanto velocemente quanto vorticosamente sono capaci di passare da un argomento all'altro.

Detto questo, le capitoline del Terzo Millennio sono salottiere (a oltranza) anche senza avere necessariamente un salotto. Il format, dopo stagioni di successo, è tramontato perché il salotto è un circolo chiuso, ormai declassato da più parti nella sua declinazione di "centro di potere" (la nuova politica poi non sempre è all'altezza, e a Roma il potere risulta altamente frammentato, per cui difficile da concentrare in un luogo così ristretto). Senza contare che le romane ora vivono in un ambiente aperto. Ci sono cittadine con cognomi importanti che potrebbero dedicarsi a salotti veri, ma sono troppo impegnate in altro. Non ci sono quasi più le "mogli di", categoria in via di estinzione.

In conclusione: i salotti fortunati dell'universo Angiolillo, Verusio, Carraro, Sospisio non hanno eredi e, forse, ragione di esistere. Esistono invece romane che, coltivando il piacere dell'invito, preferiscono convocare un parterre internazionale "in transito", persone che si trovano a Roma con un senso e un motivo, abbinando amici che frequentano la casa da habitué e fanno sentire a proprio agio chi arriva. Gli ospiti finiscono per fare rete tra loro in modo spontaneo, con la benedizione/soddisfazione della padrona di casa. Insomma, si tratta di un'accoglienza più ragionata, inclusiva e cosmopolita.

«TI FACCIO SAPERE»

La romana sa che buona parte delle relazioni sociali si tiene viva col ricevere, motivo per cui essere inappuntabili è fondamentale. A differenza di quanto accade in altre città, lei torna a casa a cambiarsi prima di una cena o di un aperitivo, che spesso si trasforma in una cena leggera (anche se il concetto di "leggero" a Roma è relativo). Mai fidarsi di quanti dicono: «Vieni da me in semplicità, farò solo una pasta». Le romane hanno infatti metabolizzato la frase del noto cuoco Anthelme Brillat-Savarin: «Invitare qualcuno alla nostra tavola vuol dire incaricarsi della sua felicità durante le ore che egli passa sotto il nostro tetto». Detto, fatto.

Roma è sempre stata un porto di mare al centro del mondo e anticamente l'ospite era colui che forniva ospitalità al forestiero, il quale avrebbe dovuto ricambiare e diventare a sua volta ospite. Il dandy umoristico Max Beerbohm scrisse: «L'umanità è divisibile in due grandi classi: i padroni di casa e gli ospiti». E tuttora la romana sa che la buona educazione consiglia la reciprocità, cioè reinvitare. Colei che non lo fa non viene vista benissimo, e scatta il dubbio su cosa stia nascondendo che, in alcuni casi, si conclude con un magnanimo: «Forse è insicura».

Se la capitolina invita per una situazione formale sa che è utile avvisare le persone almeno dieci giorni prima, perché la città è grande e piena di opportunità. Anche se non partecipano a un compleanno o a una cerimonia dove sono state invitate, le romane mandano un regalo perché di base sono delle gran generose. Quelle che invitano, invece, non sempre ricordano (un misto fra eccesso di discrezione e semplice dimenticanza) che comunicare l'occasione è fondamentale per mettere a proprio agio gli ospiti al fine di scegliere un regalo: cambia molto se si tratta di un compleanno, un anniversario o semplicemente del piacere di stare insieme.

Qualcuna fa sorgere il sospetto di star prendendo tempo nella risposta perché ancora non ha deciso a quale invito palesarsi, oppure si sta organizzando anche mentalmente e calcola ogni minuto del tempo a disposizione per provare a "mettere il piede in due scarpe". I «Ti faccio sapere» e i «Vedo se riesco» purtroppo si sprecano, ma la spiegazione è ormai chiara, e chi ospita resta appeso al verdetto.

Una riflessione a parte meritano le feste a tema che a Roma hanno depotenziato e a volte anche spodestato del tutto il rito del Carnevale (se non per le frappe e le castagnole, motivo principale per ricordarsi del febbraio carnascialesco). Sono a tema anche le feste dei diciottesimi. La romana rispetta sempre le indicazioni perché si diverte. Ed eccola vestita di bianco o con un tocco oro o rosso, o con le piume per far parte della scenografia e non deludere le attese. In effetti guarda i cappellini del Royal Ascot come la Bibbia perché sa che la vita è uno spettacolo. Le romane hanno avuto il loro momento *British* a Capannelle, dove addirittura era stato istituito un contest per il miglior copricapo e la felicità si leggeva nei loro occhi.

PIAZZA DI SIENA

All'imbrunire di una sera romana di primavera che si tinge di rosa, le auto blu appaiono più numerose del solito. Dirette verso Villa Borghese, accompagnano gli ospiti istituzionali al Carosello dei Carabinieri che per le capitoline è più importante dello spettacolo viennese dei cavalli lipizzani nell'atmosfera barocca del palazzo di Hofburg. Ma mentre a Vienna i biglietti si comprano, a piazza di Siena si va su invito. E in base a dove la romana è seduta si ha la percezione del suo ruolo: i palchi hanno i nomi altisonanti degli sponsor – Land Rover, Intesa Sanpaolo, Eni, Loro Piana, Rolex – con i paparazzi che mirano gli obiettivi per catturare l'immagine delle ospiti più eleganti e internazionali. Gli outfit delle signore non hanno grandi voli perché, comunque, sono a uno spettacolo in onore dell'Arma, mentre nei giorni del concorso ippico (CSIO Piazza di Siena) i cappelli fanno capolino, tantissimi, di paglia e con le tese più o meno ampie. A fine kermesse, le romane si illuminano alla vista della mascotte della Fanfara dei Carabinieri a cavallo battezzata Briciola, perché si sa che le romane hanno un debole per gli amici a quattro zampe.

Negli ultimi anni il concorso è diventato più "democratico", sono scomparse le barriere che impedivano la vista del campo di gara e chiunque può sedersi sull'erba, o sulle gradinate storiche alle pendici della Casina di Raffaello, e godersi lo spettacolo completamente gratuito, perché piazza di Siena per Roma deve essere una festa (soprattutto dopo la pandemia). Nel concorso ippico hanno fatto il loro ingresso anche la questione ambientale e l'impatto zero (sulla spinta di Sport & Salute e Fise), e questo punto alle romane dà molta serenità. Non basta: le appassionate del genere possono avvicinarsi alle scuderie allestite a bordo campo per vedere da vicino i purosangue, ma anche i cavalieri e le amazzoni – le loro divise scatenano ammirazione e gratificano gli sguardi – mentre scaldano i cavalli prima della competizione. Attorno all'ovale-icona al centro di Villa Borghese sono spuntati i bar, strutture temporanee dove le romane si dirigono al tramonto per unire l'utile – assistere alle evoluzioni ippiche – al dilettevole, uno o più Spritz.

Cresce anche l'interesse per il polo con la "parentesi" dell'Italia Polo Challenge, che si disputa in un'arena sempre nel cuore di Villa Borghese. Il focus qui è su Stefano Giansanti, capitano della Nazionale italiana campione d'Europa e giocatore del team Tenuta Montemagno (che si dichiara «romano e romanista»), oltre che presidente del Roma Polo Club. Qui le romane che possono, quando scatta la sfida sul manto erboso o il *dinner* con tavolo imperiale allestito in club house con le balle di fieno, si mescolano volentieri al parterre internazionale. Che è poi nel DNA di questo sport dal nucleo elitario e cosmopolita. Sul traino di piazza di Siena nella Capitale è arrivato anche un altro concorso ippico, il Gran Premio del Longines Global Champions Tour, con conseguenti partecipazioni eccellenti che hanno provocato grande clamore: le romane hanno potuto soppesare dal vivo il profilo e la competenza agonistica di Jessica Springsteen con i famosi genitori al seguito sulle tribune, e anche una delle figlie di Steve Jobs, l'ereditiera Eve, entrambe "emule" di Charlotte Casiraghi: uniscono stile, bellezza, sport e amore per i sofisticati quadrupedi. Questo concorso si è accaparrato anche una scenografia romana di prestigio, un altro ovale iconico come lo è il Circo Massimo, scatenando il parterre delle romane e non solo.

MARMI DA SET

Gli Internazionali di tennis a Roma sono uno degli eventi più affascinanti per la commistione di storia, arte, parterre; una mistura che potrebbe offuscare il coté sportivo, ma ormai nella Capitale atterrano solo i top. Per le teste di serie di fama mondiale giocare nel celebre "Centrale" di terra rossa è un divertimento, oltre che un lavoro, perché ogni anno che passa fanno sempre più notizia le loro "scappatelle" alla ricerca della dolce vita romana contemporanea. Il Foro Italico, dove dagli spalti ripidi le capitoline scatenano la tifoseria incitando senza sovrastrutture uno o l'altro dei contendenti, è un luogo unico al mondo con il vicino e monumentale Stadio dei Marmi, una candida corona di sessanta statue forgiate nel marmo di Carrara che raffigurano atleti plastici stagliati contro il verde intenso dei pini di Monte Mario, e lo Stadio Nicola Pietrangeli, che di statue ne conta diciotto.

Le romane sono sensibili alla maestosità del distretto sportivo progettato dall'architetto Enrico Del Debbio fra il 1927 e il 1933, dove vanno con grande piacere anche per fare sport, principalmente atletica e nuoto, oltre che assistere alla sfida agonistica che vive dal 1935. Si preparano con un certo pathos all'esperienza del torneo, di solito sotto il solleone di maggio – ma qualche volta sotto la pioggia – equipaggiandosi con cappello e visiera, borraccia termica e protezione 100 perché la scottatura è quasi certificata (il poncho di plastica, in caso di diluvio, è ben tollerato). Ma ogni anno, quando si ripropongono, i suddetti "ostacoli" vengono archiviati alla stregua di dettagli superabili, così come le richieste di biglietti da parte di figli adolescenti, che le madri esaudiscono attingendo dal tesoretto telefonico i contatti di BNL o di altri sponsor e procurando i biglietti (ma non per la finale). Non è tutto game e set, ci sono anche tanti eventi satellite che le romane frequentano, come la mostra organizzata ogni anno dalla galleria Ex Elettrofonica. Il progetto si chiama *Twiner* – nel tennis è un colpo difficile: la palla deve essere colpita tra le gambe quando si è superati da un pallonetto molto profondo, con le spalle alla rete – ed è dedicato alla vitalità di Roma; un saluto alla rinascita della bellezza in un periodo in cui la città è obiettivamente radiosa. Le romane credono che forse, con un po' di coordinamento e di ragionamento, la città possa essere "contaminata" di più da questa manifestazione: per il momento si divertono a osservare i campioni in giro per la città mentre giocano a fare i turisti, alle prese con le foto e i selfie acchiappa-like davanti al Colosseo da postare sui social, oppure al ristorante mentre ordinano un primo piatto romano (Djokovic, uno di noi!). Le più fortunate possono dire di aver assistito all'allenamento di uno o più di questi/e atleti/atlete in un circolo storico della Capitale, come l'Antico Tiro a Volo, il Tevere Remo, il Parioli, l'Aniene. Al Canottieri Roma, per esempio, durante l'edizione 2022 degli Internazionali è stata ospitata la tennista diciannovenne Leylah Fernandez: la canadese numero 18 nel ranking ufficiale si è trovata bene sui campi di terra rossa con vista sul Tevere, scambiando palleggi e battute con la maestra di tennis Marianna Natali e partecipando anche alle grigliate sociali. Al punto che si è trattenuta anche a torneo finito, per l'ultima tranche di preparazione prima di scendere in campo al Roland Garros di Parigi.

TELEFONINO SELVAGGIO

«Tutto il mondo è paese» e il telefonino selvaggio miete vittime anche tra le romane. Una volta tolleranti, oggi puntano il dito contro chi parla al cellulare durante gli spettacoli a teatro e al cinema.

Non c'è sala cinematografica o teatro dove, per quanto intrigante sia la trama, non spunti la luce di uno schermo che illumina di azzurro il volto della romana impenitente come se fosse un personaggio di *Avatar*. Peggio ancora quando si accartoccia dentro la poltrona per rispondere, subito "sanzionata" da altre romane che privilegiano lo spettacolo e l'opportunità di staccare la spina per due ore. O tre se sono sedute nella platea del Teatro Argentina o del Sistina, tempio italiano del musical dove persino gli annunci vengono declinati sul *mood* dello spettacolo per essere più convincenti e "seducenti" (e il pubblico delle romane vuole sedurre ed essere sedotto, sempre). Nel caso di *Rugantino*, sono in romanesco, mentre in quello del Teatro Vittoria a Testaccio vedono Sgarbi in scena, il quale "minaccia" di far salire sul palco la persona che interagisce con il telefonino durante la performance. Una minaccia che suona quasi un invito per la schiera infinita di capitoline che non resistono al fascino intellettuale del critico d'arte tendenza istrione. Resta come ultimo monito, anche in caso di inopportune e illegittime registrazioni dello spettacolo, il raggio laser attivato dalle maschere, una modalità moderna per additare a distanza l'ineducata che immediatamente molla il cellulare, in preda all'imbarazzo. Anche perché le romane che sanno abbinare la tecnologia alla cultura e al rispetto altrui tirano fuori lo smartphone al momento degli applausi finali, quando sono concesse foto e riprese da pubblicare sui social per una giusta condivisione del divertimento (e la promozione dello spettacolo).

Il cellulare a tavola dovrebbe essere il grande assente, silenzioso e invisibile, ma non sempre accade. Le romane, a dispetto degli stereotipi, quando lasciano lo studio o l'ufficio per ritagliarsi una pausa con le amiche, e vogliono restare connesse, tengono il telefonino in borsa o in tasca, pronte a scattare al primo squillo e a correre in un'altra stanza per essere aggiornate. Se non chiama nessuno dalle 13 alle 14 i casi sono due: hanno ben istruito i collaboratori oppure hanno imparato a gestire l'ansia («Roma non è stata costruita in un giorno» recitano un famoso detto e una canzone dei Morcheeba). L'abitudine diffusa di azionare il vivavoce per evitare le "radiazioni" è una trappola nella quale le romane avvezze alla riservatezza non cadrebbero mai.

Le ragazze invece hanno adottato un metodo infallibile per vivere la loro socialità e non disconnettersi dal resto del mondo: la modalità silenziosa del telefono e la messaggistica vocale. Guai a ricevere squilli inattesi, entrano in allarme immaginando chissà quali emergenze.

LE FAMOSE GATTARE DI LARGO ARGENTINA, E NON SOLO

Si racconta che Anna Magnani scendesse in pantofole nel vicino largo Argentina per portare qualcosa da mangiare alla colonia felina di zona, che conta almeno duecentocinquanta esemplari, e abita tuttora i ruderi romani di epoca repubblicana, in pieno rione Campo Marzio. I gatti ora vengono gestiti da signore romane (note bonariamente con il soprannome di "gattare") che si interessano anche per un'eventuale adozione, reale o a distanza, e che amministrano le donazioni destinate al mantenimento dei mici. Sono note le battaglie di Monica Cirinnà, militante del movimento animalista, che al tema ha dedicato anche il libro *101 storie di gatti. Che non ti hanno mai raccontato*, scritto a quattro mani con Lilli Garrone. Esistono ovviamente gatti molto meno randagi e più domestici che vivono nelle case delle romane. Raramente sono privi di pedigree, e anche se ci sono ospiti i pelosetti volteggiano sugli schienali dei divani o intorno alla tavola da pranzo, con un occhio tollerante delle presenti, a meno che non siano allergiche. Ma anche qui esiste un rimedio, anzi tre come le razze che appartengono alla categoria delle anallergiche: la più gettonata tra le romane è il gatto siberiano, pelo lungo piacevole e ridottissima quota della proteina Fel D1 (la vera colpevole delle reazioni avverse). Poi ci sono il gatto norvegese, gran giocherellone (anche qui poca proteina), e il gatto nudo, conosciuto pure come egiziano. Intelligente e affettuoso allo stesso modo degli altri, ma senza la traccia di un pelo, girovaga anche a piazza Vittorio (per chi ancora non lo conoscesse, basta sbirciare il profilo Instagram di Ilary Blasi). La mobilitazione è costante per le romane anche quando si tratta della colonia felina che alberga in zona ostiense attorno alla Piramide Cestia: per questa comunità una volta l'anno organizzano il raduno delle supporter guidate dalla madrina Licia Colò, "I gatti della Piramide", con tour-cat nel limitrofo Cimitero acattolico dove si aggirano molti quattrozampe e un cat-mercatino per raccogliere fondi destinati all'accudimento dei gattoni residenti, e aiutare i compagni in difficoltà.

GABBIANI ED ECOSISTEMA

Negli ultimi anni le romane hanno vissuto l'invasione di un nemico pennuto (con buona pace degli animalisti) che fa invidia agli OGM. Il gabbiano romano si affaccia al calar del sole attratto dai sacchi pieni di spazzatura che i ristoratori mettono fuori dai locali nell'attesa del recupero da parte della nettezza urbana. Il palmipede è scientifico. Si aggira trotterellando col suo becco assassino, rompe la plastica e sceglie. Peccato che disperda il contenuto e crei ulteriore disagio. E vogliamo parlare dello schiamazzo dei gabbiani reali, «il cui secondo nome è proprio *cachinnans*, sghignazzatore» – scrive Fulco Pratesi –, che hanno nidificato sui tetti disturbando il sonno di molti in città? Lontani come sono dal loro habitat naturale, i tondi pennuti devono arrangiarsi con quel che passa il convento. E sempre Pratesi scrive: «In molti quartieri presidiano i cassonetti e si guardano a vista, rispettandosi, con i gatti, predano i nidiacei dei piccioni, contribuendo così, controllandone il numero, alla pulizia dei monumenti».

Le affermazioni delle romane sono tre: «Come sono diventati grossi, meglio non avvicinarsi», «Che disastro, ci mancava solo questo!», «Come cambia il mondo!». Poi tra sé e sé pensano: "In effetti, siamo proprio fortunate perché questi gabbiani arrivano dalla costa. Roma ha anche l'aria di mare oltre al ponentino" e continuano la loro serata più serene, senza pensare agli *Uccellacci e uccellini*, per dirla come il grande Pasolini.

STORNI IN NUGOLI AD ALTO RISCHIO

Dopo i gabbiani c'è un altro volatile in cui le romane si imbattono se vanno in zona piazza Esedra o verso la Stazione Termini (le romane difficilmente prendono il treno dalla Stazione Tiburtina, perché privilegiano i treni non stop). Dario Argento, che vive a Roma, dovrebbe cercare ispirazione tra settembre e novembre per un ulteriore capitolo delle sue pietre miliari del genere horror (che tutto il mondo cinefilo ci invidia) *Inferno e L'uccello dalle piume di cristallo*, allestendo un nuovo set nel meraviglioso quartiere Coppedè, un esempio di architettura che fonde stile Liberty, Art Déco, ma soprattutto Gotico e medievale. Ed ecco apparire nel cielo meravigliosi disegni geometrici creati da migliaia di storni che volteggiano guidati da capofila (secondo recenti studi uno ogni sette esemplari). Peccato che soprattutto in alcune zone dove abbonda il verde, come il Lungotevere e Prati, all'imbrunire volino anche gli escrementi, anticipati come fossero trombe di cherubini da aspri cinguettii. Le romane più abituate, e che magari rientrano o escono proprio alla famigerata ora "X", si attrezzano con tanto di ombrello e passo veloce, pur riuscendo ad apprezzare nel cielo *les taches noires* che creano forme sbalorditive e appaiono all'improvviso.

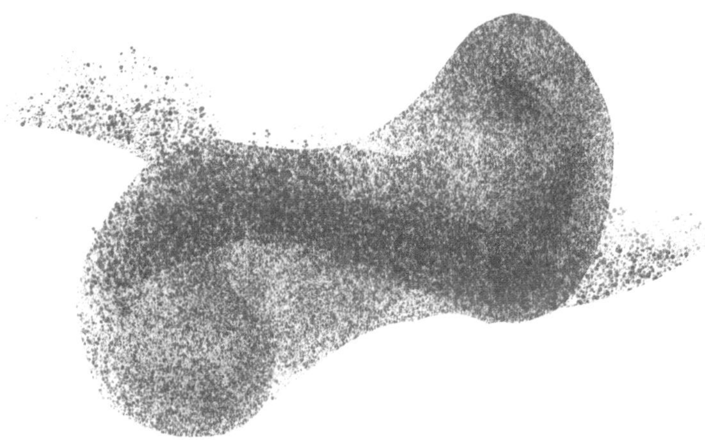

"SPELACCHIO" NON ABITA PIÙ QUI

Anche per le romane il Natale è importante. Brontolano se le vetrine iniziano a essere decorate a novembre, ma nel profondo apprezzano. Solo loro, poi, possono disapprovare l'albero di piazza Venezia se è un po' smunto e non reputarlo all'altezza dell'eterna "*grandeur* capitolina"; gli altri invece non sono tenuti a farlo, come se Roma fosse un marito di cui solo la moglie può elencare i difetti. Hanno sofferto e non solo in silenzio quando si è palesato l'abete Spelacchio, archiviato con ironia, tante battute e molto sollievo visto che la rigogliosità delle chiome natalizie è tornata. Le romane iniziano a addobbare casa con una ghirlanda sulla porta di entrata, per poi dedicarsi all'albero o al presepe (o a entrambi) tassativamente entro l'8 dicembre, giorno ufficiale per l'accensione delle luci lungo il chilometro e mezzo di via del Corso. Ma soprattutto in tempo per l'appuntamento con il rito, inaugurato nel 1923, della visita del pontefice in piazza Mignanelli per l'omaggio al monumento dedicato all'Immacolata Concezione: le capitoline qui sono tutte con il naso all'insù per seguire con lo sguardo la ghirlanda di fiori (portata con l'autoscala dai Vigili del Fuoco) che circonda la statua. Si "prenotano" per tempo un affaccio dal palazzo dell'Ambasciata di Spagna presso la Santa Sede e dalle terrazze private dei dintorni.

La preparazione domestica prenatalizia non è cosa di poche ore, ma un crescendo fino al tocco finale, e ogni anno la soddisfazione è grande. Anche la tavola cambia colori e la cura dei particolari non tradisce l'impegno e la partecipazione emotiva delle romane. Uno degli indirizzi più rassicuranti per l'approvvigionamento delle decorazioni sono le cartolerie (un termine riduttivo) della famiglia Vertecchi. Nel settore artistico sono stati in passato loro clienti De Chirico, Guttuso, Cagli, Burri, Fazzini, fino a Vespignani, e sono il punto di riferimento per architetti, designer, scenografi come Gaetano Castelli. Sono stati i primi in Italia (altro record romano) a commercializzare i colori acrilici per la pittura direttamente dagli Stati Uniti e gli alberi natalizi artificiali dalla Germania. Va detto che se ci sono alcune che per archiviare velocemente la "pratica" decorativa scelgono un albero preaddobbato e se lo fanno consegnare, per molte altre questo è il momento di esercitare la propria creatività e allora ecco il continuo andirivieni alla ricerca della pallina giusta. Nei locali di via della Croce le mamme portano i bambini a vedere i trenini in movimento, il Babbo Natale gigante che saluta e ne approfittano per fare scorta di nastri e lucine. E chi se ne importa se durante le feste la città è congestionata. Il copione prevede da sempre che il giorno dopo l'Epifania si debba dare il via allo smantellamento, ma l'eccezione è dietro l'angolo: le romane di ritorno dalle vacanze in montagna, che hanno voglia di godersi ancora per qualche giorno i frutti del loro "duro lavoro", fanno slittare la data.

«SOLO LE ROMANE POSSONO DISAPPROVARE L'ALBERO DI PIAZZA VENEZIA, SE NON LO REPUTANO ALL'ALTEZZA DELL'ETERNA *GRANDEUR CAPITOLINA*.»

PANE E DINTORNI

In un mondo in cui le intolleranze alimentari sono più frequenti delle "tolleranze", la buona padrona di casa romana che non è ancora entrata in confidenza con gli invitati chiede sempre se hanno problemi con alcuni cibi. Ed ecco rivelarsi un esercito di ospiti allergiche al pesce, intolleranti all'aglio e con un'antipatia per la cipolla. Poi c'è chi per vezzo non ha mai mangiato in vita sua il salame, ma adora il salmone anche se è un po' grasso. Le intolleranze al glutine e ai latticini si sprecano. Nella conversazione a tavola parte spesso la disamina sul taglio del grano, e che («Signora mia») non ci sono più le farine di un tempo. Eccezion fatta per i grani antichi di Alessia Montani, avvocato che ha scelto di fare l'imprenditrice in questo settore perché ha la "missione" di diffondere il verbo: «È dimostrato che molte patologie - celiachia, *gluten sensibility*, obesità, diabete, ipertensione, eccetera - si sono sviluppate negli ultimi settanta anni, a seguito della modificazione dei grani così detti moderni, posti alla base dei prodotti trasformati come pane, pasta, pizza, biscotti, ingredienti primari della dieta mediterranea». La conclusione delle romane: non ha importanza se le farine costano un po' di più, perché la salute e la pancia piatta non hanno prezzo.

Dalla farina all'impastatrice il passo è breve. Questo elettrodomestico, diventato di mondo così come fare il pane a mano con tanto di doppia lievitazione, è un assist degno di ammirazione. Ammettiamolo, le romane sono diventate tutte un po' fornarine, se non di fatto almeno di palato. Sulle tavole capitoline sfoderare un buon pane e una buona pizza bianca (non chiamatela focaccia, per carità!) è un *must*. C'è chi li acquista da forni famosi come Bonci (ormai ovunque) e Niko Romito — vedi le star di Hollywood —, chi dal defilato Santi Valentino e Sebastiano, chi dal centralissimo Deroma, dove le romane chiedono la pizza rossa sottile e croccante per mangiarla "al volo" mentre scappano a un altro appuntamento. La lista dei fornai buoni e chic le capitoline la tengono bene a mente e la aggiornano continuamente, anche perché sanno che è un valido argomento di conversazione a tavola. L'indirizzo da sfoderare per conquistare il punto decisivo per la vittoria, negli ultimi tempi, è quello del Forno Conti, tra piazza Vittorio e piazza Dante: musica jazz in sottofondo, arredi in stile scandinavo, laboratorio a vista, ricette che arrivano anche da altri Paesi e che cambiano ogni giorno. Le romane non amano la monotonia, questo non è un segreto, e sanno che devono tenere d'occhio il profilo Instagram del panificio di via Giusti (l'estetica è un *à tout* supplementare che appaga immensamente). Tra una baguette, una babka, un pane con cime di rapa e mandorle tostate, e una *bakewell tarte* di lamponi, frangipane e mandorle, l'armonia del progetto di Sergio Conti si deve anche al team a dir poco eclettico che mescola, tra gli altri, un ingegnere, un ballerino e un antiquario-interior designer. Le signore entrano per comprare mezzo filone di pane ma poi si fermano per prendere un tè (rigorosamente jap) e allentare i freni inibitori davanti alle tentazioni proposte con stile minimalista (l'opulenza e il "barocco" delle panetterie tradizionali, con il prodotto strabordante sugli scaffali, qui sono lontani anni luce).

OSSESSIONE SFIZIO

Le romane sanno bene dove dirigersi quando hanno bisogno di fare scorta di sfizi e di gastronomia "firmata". Il panificio o la pasticceria di quartiere sono sempre un'ottima soluzione, vedi le pizzette di sfoglia di Natalizi, oppure la versione di pane di Gianfornaio. Qualcuna va pazza per le mandorle salate di Boni o i cornetti salati da farcire di Gargani. Ma quando orari e aperture non coincidono con l'intenzione – oppure si è in transito fra arrivi e partenze –, l'ancora di salvataggio è a Termini, sotto la cappa mazzoniana (da sola vale la visita) dove ha sede il Mercato Centrale. Una sintesi del mondo gourmet romano, non solo dello street food, trainato dal celebre Trapizzino; ipercalorico e acrobatico, nessuno esce indenne dall'"incontro" con questi bocconi succulenti, nemmeno la romana più elastica: la macchia prima o poi arriva. Stesso appeal per i tranci di pizza di Bonci (panificata con farine vive, che purtroppo non tutte sanno cosa vuol dire), irresistibili nonostante il patron sia considerato un divo burbero.

SPIRITI RISERVATI

A piazza di Pietra c'è un circolo privato vestito da ristorante dove chi entra sicuramente conosce qualcuno. È sempre un gran salutare. Si chiama Enoteca Spiriti e avere il tavolo vicino alla finestra è molto ambito tra le importanti imprenditrici, politiche o militanti nel mondo del cinema che lo frequentano. Chiara, la titolare, è molto riservata riguardo alle habitué. Dieci mesi l'anno, graziati dalle meravigliose temperature romane, si può mangiare fuori con vista sulle colonne del Tempio di Vibia Sabina e Adriano, ribattezzato con anche il nome dell'imperatrice consorte per «restituire alle donne il loro ruolo nella Storia». Per incontri di lavoro più riservati o compleanni importanti, le romane affittano l'appartamento attrezzato al primo piano dove il concetto di privé è sacrosanto. E i giornalisti che sanno sono diffidati dal raccontare.

A "BOMBA" DALL'ABRUZZO

Un'altra frontiera da chef star è il ristorante Spazio a piazza Verdi. Qui gli allievi dell'abruzzese Niko Romito, tre stelle Michelin, replicano i piatti inventati dal *magister* e a pranzo si concentrano, intorno ai piccoli tavolini, amiche capitoline o professionisti che lavorano in zona. E poi le romane hanno scoperto che la crostata ha pochi eguali e allora, anziché dare appuntamento all'amica per un caffè, si incontrano a metà pomeriggio per un tè. Con crostata, appunto. Esiste anche l'acquisto da portar via, e allora la romana lascia l'utilitaria in un parcheggio creativo per acquistare le pagnotte fatte con lievito madre, farine scelte, sale e acqua (due tipi, bianco e nero, interno morbido e crosta croccante) e rimettersi in auto col profumo rassicurante del pane (lo preferisce in questo caso a Chanel N°5), che raramente arriva a casa intero. E qui si apre un capitolo sulla bomba dolce o salata, uno sfizio che per la leggerezza del risultato illude sull'assenza di calorie. Ma vale la pena peccare.

SUDORE FELICE

Da Rossini, bar/pizzeria/trattoria/ristorante di pesce multitasking, a un tavolo riservato siedono nei giorni dispari le ragazze — l'età varia dai 30 ai 70 — di Rocco, non Siffredi, ma il trainer della palestra dall'apparenza semplice vicino alla chiesa di San Bellarmino, in antitesi alla patinata Dabliu di viale Romania dove ci sono le signore un po' "Rambo", quelle con le tutine attillate che guardano dall'alto in basso il resto delle colleghe. Il vero derby da prestazione è in realtà con la Virgin Active (Collection, mi raccomando!) di via Mantova, che si trova nell'area dell'ex stabilimento della Birra Peroni, tra indirizzi gourmet e pizzerie che mettono a dura prova la forza di volontà delle atlete.

Poi ci sono loro, l'esercito di romane che durante la pandemia - alcune ancora prima per una sorta di preveggenza - ha scoperto la ginnastica all'aperto. E così Villa Ada, Villa Glori, Villa Pamphili e Villa Borghese sono diventate palestre a cielo aperto. Piazza di Siena in alcune giornate, soprattutto la mattina prima delle 10 e il pomeriggio, assume le sembianze di una grande sala fitness. A fine lezione è prassi prendere il caffè nei baretti limitrofi al "sudore felice": lo Scoiattolo, dentro il parco urbano ex residenza sabauda in via Salaria, e Vivi Bistrot nell'altro grande parco storico della Capitale sull'Aurelia Antica. E poi eccole sciamare in scarpe da ginnastica, tuta e occhiali scuri d'ordinanza per le vie principali a ordinare la spesa (che deve essere recapitata a casa, non sia mai l'ulteriore fatica!), con i tappetini arrotolati sulla spalla a testimoniare la volontà stoica di mantenersi in forma.

«E POI CI SONO
LORO, LE ROMANE
CHE DURANTE
LA PANDEMIA
HANNO SCOPERTO
LA GINNASTICA
ALL'APERTO,
TRASFORMANDO
I PARCHI
IN PALESTRE.»

FENOMENO CANOTTAGGIO

Le romane sono state conquistate da uno sport che nuovo non è, e sulla carta nemmeno così femminile. Da una decina di anni ormai hanno scalzato gli uomini dal monopolio di questa disciplina, prendendola molto sul serio e riempiendo le barche sul Tevere a ogni ora del giorno. Equipaggi agguerriti che, non solo si divertono e fanno gruppo, ma si lanciano anche nell'agonismo, portando le squadre dei circoli di Roma a gareggiare nei campionati regionali e nazionali, ma anche in Europa e in tutto mondo. Si tratta soprattutto di "ragazze" over 40 (professioniste, imprenditrici, manager, medici, designer) unite da una solida dose di determinazione, dedizione e agonismo che talvolta porta anche alla "fibrillazione" in barca, con conflitti interni ai team delle vogatrici perché la voglia di vincere talvolta è più forte del di-

vertimento. Chi ha capito e ben cavalcato il fenomeno è il circolo Ondina Generali, e in particolare il presidente Raffaello Leonardo – atleta olimpico con due campionati del mondo nel carnet e una medaglia di bronzo ai giochi di Atene 2004 con un equipaggio a 4 – che ha incentivato il "vivaio rosa" favorendo l'ingresso delle aspiranti canottiere e lanciandole subito in acqua. Grazie alla prova d'urto gli equipaggi di principianti si fortificano, e dopo poco tempo si ritrovano sul campo di gara. E non le ferma più nessuno. Questo tipo di donne si trovano anche sul galleggiante del Canottieri Aniene, del Reale Circolo Canottieri Tevere Remo, del Canottieri Roma e Canottieri Lazio, e simili per sbocco sulle acque. Sul fiume tiberino le donne vanno anche a vogare per solidarietà. Per esempio, partecipando alla regata Cicchetto del Canottiere a sostegno di Rosaremo, associazione sportiva no profit creata per aiutare le donne che hanno avuto un tumore al seno, oppure rispondendo alla chiamata di *Fiume in rosa. 1000 colpi per la salute della donna* voluta dalla Fondazione Atena Onlus in occasione della Giornata nazionale della salute della donna.

PASTA FELLINIANA

Le romane Doc la pasta fresca la prendono da Marini in via Po, una storia lunga novant'anni e tre generazioni. L'entrata è su strada ma per arrivare al bancone bisogna scendere diversi scalini e questo gli è valso il soprannome di "Le scalette". Clienti di Marini sono stati Fellini, Lucio Dalla quando andava al Piper, e oggi Guillermo Mariotto e Claudio Amendola.

Le romane arrivano da tutti i quartieri e addirittura dal lungomare. E le nostalgiche che vivono all'estero, quando rientrano nella nativa Città Eterna, vanno subito a comprare da loro per riaccendere i ricordi del palato. Desiderano soprattutto i ravioli e sotto Natale l'acquisto dei famosi tortellini provoca lunghe file. Negli ultimi tempi le richieste sono un po' cambiate perché le signore hanno sempre più fretta e privilegiano la gastronomia: lasagne, crêpe, cannelloni. «La domanda più originale ed esaudita è stata quella dei ravioli col miele» racconta la nipote del fondatore, Laura Marini, che con orgoglio aggiunge: «Noi possiamo esaudire qualsiasi fantasia di pasta fresca.»

IL GELATO LEGGENDARIO E LETTERARIO

A Roma è noto, il gelato si consuma tutto l'anno. Ogni romana ha quindi sviluppato fin dall'infanzia, in modo inconscio, la classifica degli indirizzi di riferimento, una playlist che non si ferma al bar del quartiere ma va molto molto oltre, anche perché sbagliare il "fornitore" è un'onta difficile da riparare, per sé stessi e per la propria immagine pubblica. In parole povere: portare agli amici un gelato che non sia "attestato" e accuratamente scelto può creare un clima di imbarazzo. Le romane lo accostano al panettone, alle frappe, alle torte di mele (servite tiepide), alle fragole e alle fragoline (quelle di Nemi sono il massimo e valgono una gita ai Castelli romani), e le amiche concordano con la padrona di casa: alla domanda «Cosa ti porto?» quasi sempre la risposta cade sul gelato "di finitura". Sono due i gusti sui quali si giudica la "competenza" delle romane: la crema – considerata da sempre emblematica per entrare in contatto con la personalità del gelataio, perché le sfumature che può assumere sono infinite, come testimoniano le versioni prodotte dal bar Duse "da Giovanni" e Otaleg che ci aggiunge il timo – e il pistacchio, che ha spodestato da qualche tempo il gusto nocciola sulla scia dell'arrivo in città delle gelaterie siciliane. Una premessa di costume che porta direttamente al Palazzo del Freddo di via Principe Eugenio, dove ancora oggi regna Fassi, noto per essere la prima gelateria di Roma, fondata nel 1890 in una ex rimessa per carrozze. La famiglia ha inventato semifreddi iconici: il sanpietrino (di cui abbiamo già parlato in merito al pavé), la caterinetta dedicata alle sartine – da cui l'Algida ha preso l'idea per la viennetta, dopo aver chiesto al nonno Fassi di partecipare alla nascita e sentirsi rispondere: «Io sono un artigiano» – e il ninetto, il primo prodotto italiano con lo stecco. È al piano terra di questo edificio dell'Esquilino che è stato inventato il ghiaccio secco per mantenere il prodotto a temperatura, creando la prima forma di delivery. Le romane che hanno qualche anno in più ricordano benissimo l'imballaggio con la scritta blu che arrivava sulla tavola della domenica per deliziarle a fine pasto. E ancora oggi hanno un sussulto quando si incontrano di nuovo con la panna (stessa ricetta, tanti ricordi) che avevano assaporato da bimbe.

«COSA TI PORTO? QUASI SEMPRE LA RISPOSTA CADE SUL GELATO "DI FINITURA".»

Ora sono capaci di attraversare la metropoli per rivivere l'esperienza, mettendosi in coda insieme alla nuova generazione di adolescenti in fila per due verso la cassa dell'ampio locale rimasto anni Venti. Fino agli anni Ottanta le romane qui arrivavano soprattutto dal quadrante sud (Tiburtina, Casilina), poi anche da Roma nord (Parioli) e dopo è iniziato il pellegrinaggio dal centro storico (l'outfit non lasciava dubbi): «La differenza si percepiva a colpo d'occhio. Ora si è molto assottigliata» racconta Andrea, ultima generazione dei maestri gelatieri Fassi, che porta avanti la tradizione puntando sul rinverdire il legame con il quartiere e la città. Nella sala Giuseppina, come è stato rinominato il cortile, in onore della nonna, ospita degustazioni e soprattutto laboratori di scrittura creativa "a bordo vasca" (leggi, con laboratorio a vista), dove si riuniscono aspiranti scrittori, registi, reporter e fotografi che terminano i loro incontri con un bel gelato. Una visione "gustosa" della letteratura.

PERCHÉ POKÉ

Ami Poké è una realtà imprenditoriale fondata nel 2018 dai due giovani romani classe 1992, Riccardo Bellini e Alessandro De Crescenzo, terzi in Italia ad aver importato il piatto tipico scomposto della cucina hawaiana, diventato poi vero e proprio food trend mondiale. E potevano le romane sottrarsi? Naturalmente si divertono e compongono. E poi *instagrammano* perché forma e colori rendono moltissimo. Verso l'ora di pranzo varcano la soglia dei sette locali spalmati nei punti nevralgici della città — da Monti a Ponte Milvio, da Prati a viale Marconi, da piazza Istria a via Tiburtina, fino all'ultimo nato nel quartiere più popoloso della città: piazza Re di Roma — diversi tipi di romane: sono professioniste in carriera con giornate frenetiche e pesanti e universitarie attente all'alimentazione sana. Cosa accomuna due tipologie così diverse, oltre alla scelta di mangiare correttamente? L'illusione di fare un salto su una spiaggia della West Coast, grazie allo stile del locale, rosa e azzurro con le scritte al neon, che porta di colpo anche alle Hawaii. La pagina Instagram di @amipoké è seguita anche dalla romana Alessia Marcuzzi, che del mangiare sano ha fatto una bandiera.

STECCOLECCO

Due parole per identificare senza dubbi la start up partita dai Parioli, nel 2013, dall'intuizione di un gruppo di amici alla conquista del mondo con il gelato artigianale su bastoncino, morbido e naturale. Il fondatore Luca Palaggi, con i soci del primo periodo, "testò" il prodotto nel piccolo mercato rionale di Villa Glori, scelto dalle ragazze (e i ragazzi) di quartiere per ritrovarsi all'ora dell'aperitivo, e andò molto bene. Durante il lockdown i gelati di Steccolecco hanno contribuito a mantenere alto l'umore delle romane abituate a tuffarsi nella vaschetta, che invece ordinavano le monoporzioni dal design lineare ed essenziale che si presta facilmente a infinite declinazioni; per esempio, durante la fashion week milanese hanno stampato il logo Fendi su entrambi i lati. Oppure la personalizzazione per Mondelliani (occhiali e accessori di design), che ha pensato di rinfrescare le sue clienti con uno Steccolecco pop disegnato su misura, durante lo shopping nella torrida estate romana. I gusti del momento sono la nocciola Piemonte IGP (che non si chiama più "tonda e gentile", attributi che alle romane invece piacciono tanto!), mango e maracuja, definito da Luca «un gusto alto-vendente». La conferma che si trattasse di un'intuizione vincente è stata l'entrata, nel 2018 come socio di maggioranza, del produttore e imprenditore Aurelio De Laurentiis, che ha colto nel progetto la visione di un lusso accessibile a tutti. Il resto è cronaca e storia, visto che Steccolecco è diventato anche la passione delle vegane.

AVOCADO

Le romane hanno sviluppato nel tempo una passione irrefrenabile per l'avocado (dopo lo zenzero, che quasi metterebbero nel caffè), complici i viaggi esotici nella più urbanizzata New York, dove è diventato un cibo "rifugio" quando si è saturi di street food.

Le capitoline vanno al mercato e soppesano l'amato frutto, poi lo ordinano in qualunque bar, ristorante, bistrot dove si recano per la prima volta ritenendolo un *benchmark* per valutare se dare un voto positivo e tornare.

Le romane si passano gli indirizzi dove trovare gli esemplari migliori, a piazza Vittorio si dice ci siano i campioni (in questo mercato vale l'esperienza perché ti senti "figlia del mondo").

CIOCCOLATO

Le romane sono mondane e sanno di andare a segno con cioccolatini (questo non vale per i napoletani e i torinesi, che il cioccolato lo hanno sempre in casa e si approvvigionano perlopiù da soli) e fiori. Nella Capitale il cioccolato è vissuto più che come un rito quotidiano come un'attenzione verso sé stesse, uno "stato di grazia" da cercare quando si ha bisogno. Per andare alla meta le capitoline sono disposte ad attraversare la città fino al cuore del quartiere San Lorenzo (nell'Ottocento area agricola e poi zona di alloggi per gli operai che venivano a lavorare in città). Si sobbarcano l'onere del "viaggio" un po' perché sono curiose e molto perché conoscono un indirizzo speciale che le fa sentire coccolate e protagoniste di un set romantico come quello di *Chocolat*, il film interpretato dalla *maître chocolatier* Juliette Binoche che seduce con il "cibo degli dèi" il girovago e stravagante Johnny Depp. La tentazione prende forma nella centenaria fabbrica del cioccolato SAID, acronimo di Società Azionaria Industria Dolciumi, un indirizzo da scoprire come in una caccia al tesoro, in un vicolo dove i panni stesi ad asciugare raccontano che l'anima popolare del quartiere è ancora viva. Varcato l'ingresso, si entra in un Eden fatto di stampi originali, lampade industriali, attrezzature storiche e un bancone dei cioccolati da far girare la testa (il profumo è afrodisiaco). Un'atmosfera unica, copiata da chef star internazionali; la struttura originale, rinnovata in chiave contemporanea, è entrata nel frattempo nella mappa romana dell'archeologia industriale. Carla De Mauro, erede e proprietaria col fratello Fabrizio – insieme hanno esportato il brand a Londra, Dubai e Doha – racconta che le romane scelgono soprattutto il cioccolato amaro per godere senza sensi di colpa. D'altra parte molte di loro hanno come alleate le nutrizioniste, vedi Sara Farnetti (per un suo consulto si dice arrivino da tutta Italia) che consiglia proprio il cioccolato amaro (non sotto l'85%) tra i cibi amici da tenere in borsa. Le romane qui sono attratte irresistibilmente dai cioccolatini a forma di cuore, un *evergreen* trasversale perché gettonato tutto l'anno (non è solo per innamorati, ma anche per uno scambio affettuoso tra amiche, figlie adolescenti, mamme).

Altri indirizzi di riferimento sono senza dubbio il napoletano Gay-Odin ai Parioli, dove le romane si mettono in fila a Natale e a Pasqua per conquistare una confezione di "foresta nera"; ma vanno forti anche le scorzette di arancia ricoperte come i chicchi di caffè. A due passi dal Pantheon, resiste il mito di Moriondo&Gariglio, già «servitori della Real Casa Savoia», che affascina con la scatola rossa che fa tanto gioiello e sangue blu. Il laboratorio, fondato nel 1850 e trasferito da Torino a Roma a seguito dell'Unità d'Italia, crea l'imbarazzo della scelta con i suoi 80 diversi bonbon. E nelle poche giornate veramente fredde di Roma, la cioccolata calda appaga e riscalda.

In sintonia con l'evoluzione dei tempi, la new entry romana del settore, Giulia Pennisi, ha fatto della sua passione una professione. Le romane che la conoscono sono ben felici di consultare il catalogo delle delizie online e di ordinare a Pasqua i coniglietti e le uova futuristi, i tartufi di cioccolato, e ancora tanti cuori.

STORIA DOLCE

Durante la pandemia le romane non si capacitavano delle voci che si rincorrevano da via Nemorense al Tridente, passando per i Parioli: l'imminente chiusura della storica pasticceria Cavalletti, famosa in tutta la città per il millefoglie a tre piani farcito con crema chantilly aromatizzata al marsala ("attrazione finale" di innumerevoli compleanni), le gettava nello sconforto. Come per magia, Cavalletti non ha chiuso, anzi ha triplicato le sedi e le affezionate clienti hanno tirato un respiro di sollievo (qualcuna ha anche pensato a una efficace operazione di marketing).

Di dolce in dolce c'è un altro indirizzo sempre nel quartiere Trieste che le romane frequentano quando hanno voglia di stupire e di stupirsi. È il laboratorio di Rosaria Garzone, romana di adozione, con un passato ai massimi livelli nel marketing. Ha mollato tutto e seguito la passione per la pasticceria tramandata dalla nonna pugliese. Per approfondire – con lei nulla è lasciato al caso – è volata a Londra, dove ha seguito un corso per artefici delle "Rolls Royce" della dolcezza alla corte del pasticciere di Sua Maestà, lo specialista di *Royal icing* Eddie Spence MBE, che insegna a trasformare lo zucchero in arte: pizzi e fiori i decori più gettonati per fantastiche torte di matrimonio e ricorrenze varie. La cake designer racconta: «Le mamme romane mi chiedono forme sempre più personalizzate che richiamano le loro passioni o quelle delle figlie (i vestiti, le paillette, i fiori, l'oro, l'argento), decorazioni e inserti sempre diversi, ma il gusto deve rievocare la torta dell'infanzia».

E di dolce in dolce le romane arrivano da Walter Musco nella pasticceria di Garbatella, ex Bompiani, che ora porta il suo nome. Il *maître pâtissier* impersona la crasi dei suoi due interessi: l'arte e la pasticceria. Le sue torte o uova di Pasqua rendono omaggio ai grandi nomi della moda, della letteratura, della musica, del cinema e dell'arte. Tra le romane si è imposto a gamba tesa per originalità, conquistando i palati sensibili al gusto eclettico e alle citazioni colte. «Buongiorno. Una torta Burri, per favore.»

A Trastevere le romane si muovono sicure seguendo la scia del profumo di delizie appena sfornate che le conduce senza incertezze al Biscottificio Innocenti: in via della Luce si illuminano letteralmente quando si trovano davanti agli "occhi di bue" e ai ventagli freschi. Comprano poi i savoiardi per fare il tiramisù casalingo, e i biscottini da tè.

In inverno, invece, le capitoline hanno un solo indirizzo per i marron glacé di prima scelta, cotti e glassati con una ricetta tramandata da settant'anni: li confeziona Giuliani, aggiungendo la nota alta del petalo di violetta glassato che non può mancare.

LE "3 R" DEL MARITOZZO

Le romane hanno la possibilità di tuffarsi dentro qualunque tipo di dolce, non c'è pasticceria di tradizione locale o internazionale che non faccia venire loro l'acquolina. Quando però si tratta di impressionare l'ospite "forestiero" con un dolce tradizionale, allora non hanno dubbi: il maritozzo con la panna è una garanzia dalla prima colazione in poi. Perché il maritozzo parla di loro: apparentemente semplice, è avvolgente, gaudente, e difficile da dimenticare. Dove acquistarlo, poi, non è un elemento secondario. Le romane allora tengono bene a mente la regola delle tre R: Roscioli, Regoli e Romoli, tre insegne che da cento anni mantengono vivo il desiderio e anche la leggenda, da sempre a doppia lievitazione e che poche conoscono, del fidanzato che nascondeva l'anello nella panna, un regalo a sorpresa del cosiddetto "maritozzo". Dal momento che le romane sanno anche aggiornarsi, stanno imparando a conoscere e praticare la versione salata e la doppia taglia: il formato standard è un po' difficile da approcciare se non si è in carenza di affetto.

I CURATORI COME ROCKSTAR: DI QUALE SEI FAN?

Le romane, volenti o nolenti, vivono in una città piena zeppa di arte e per questo non possono prescindere dal partecipare al campionato dei curatori e degli storici dell'arte, schierandosi per un capitano o per l'altro: sanno infatti che dichiarare la propria militanza in una squadra contribuisce a disegnare il proprio profilo sociale. Ci sono le fan di ABO (al secolo Achille Bonito Oliva), che si muove nella mondanità con fare esperto – è lui che, tra le altre cose, ha teorizzato la Transavanguardia e codificato la Scuola di San Lorenzo –, ironico e soprattutto dissacrante. Nella Capitale ha al suo seguito romane *addicted* all'arte anche Ludovico Pratesi, con la sua preparazione che spazia dall'arte antica a quella contemporanea, e un salotto culturale fondato con Marco Bassan a Palazzo Taverna. Ottimo credito riscuote, tra quelle che amano avvicinarsi all'arte partendo dalle letture, Costantino D'Orazio. Oltre a scrivere biografie avvincenti di artisti icona, da Caravaggio a Raffaello, sa trasmettere cultura attraverso i maggiori network (tv, radio, piattaforme varie) e ricopre incarichi istituzionali. Poi c'è il garbato Pier Paolo Pancotto (ppp è la sua sigla, e le romane lo sanno bene), che vive di ricerca colta e ha fondato il ciclo di esposizioni Art Club nell'ambitissima Villa Medici, sede dell'Accademia di Francia. Cosa dire poi di Vittorio Sgarbi che non si sappia già? Soddisfa tutte le romane in estasi durante le sue "lezioni" teatrali. Le provocazioni, non poche, sono giustificate e sopportate per l'infinita cultura e intelligenza: «Pochi sanno fare delle iperboli che vanno dalla storia alla filosofia, dalla matematica all'arte, come lui» afferma l'ammiratrice tipo romana.

ZOCCOLI PRESIDENZIALI

Le Scuderie del Quirinale fanno scattare nella capitolina la sindrome di onnipotenza per la loro ubicazione. Ex scuderie per i cavalli reali, poi autorimessa, infine Museo delle carrozze, sono poi diventate lo spazio espositivo restaurato su disegno da Gae Aulenti per il Giubileo del Duemila: sì, ciclicamente Roma ha anche i giubilei per la remissione dei peccati e la riconciliazione dei (tanti) pellegrini che si recano nella Città del Vaticano. Dopo aver fatto il biglietto, percorrere i sottili gradini che servivano per far salire i cavalli e le carrozze al piano nobile del Palazzo reale infonde una piacevolezza rara, tanto da immaginare lo scalpiccìo degli zoccoli. E poi, una volta visitato e apprezzato il primo piano, affacciarsi sulla dimora presidenziale, il Quirinale, scattare la foto di ordinanza verso il torrino dove si svolgono i pranzi di Stato con i numeri uno del mondo, percorrere il secondo piano e prima di uscire dare un'altra spettacolare occhiata alla Città Eterna a 300 gradi (la restante porzione dei 60 gradi resta coperta, ahimè!) ai propri piedi, illude e anzi conferma alle romane di essere davvero *caput mundi* e di aver visto tutto. O, se non tutto, buona parte della bellezza assoluta.

BREAK MUSEALI

Socializzazione, bellezza e cultura, tre chiavi di lettura dell'esperienza museale che procedono sempre più spesso a braccetto. L'inserimento di punti ristoro tra le mura degli spazi espositivi della Capitale, un trend che incalza velocemente da anni, ha infranto un tabù che voleva i musei lontani dalla contaminazione della convivialità e della gastronomia. La stessa Galleria Borghese, ogni anno meta indiscussa di migliaia di visitatori, ha disposto nello spazio delle sue fondamenta un bar-bistrot del brand Molto che rispondesse – con eleganza, ovviamente – alle richieste degli avventori, ma anche degli assidui e numerosi frequentatori di Villa Borghese: dal breakfast all'aperitivo, compresi i kit per il picnic nel parco più grande di Roma (altra magnifica ossessione delle romane). Spostandoci a piedi, perché le romane sanno che in questo caso la macchina sarebbe un problema più che un sollievo, nell'area di piazza Navona possiamo citare altri due format in sintonia con il precedente. Al piano terra di Palazzo Braschi, il Museo di Roma fucina di ottime mostre, il Vivi Bistrot consente alle sue clienti di proseguire l'esperienza magnifica della visita con una pausa gourmet (sostenibile e salutare – un diktat del brand – per non intaccare la forma fisica) godendo la vista sulla fontana dei Quattro Fiumi, progettata e realizzata da Gian Lorenzo Bernini nel Seicento. Le romane non si stancano mai di compiacersi per il privilegio. A poche centinaia di metri, il Chiostro del Bramante – opera cinquecentesca di Donato Bramante, primo architetto di papa Giulio II e rivale di Michelangelo – è stato fra i primi spazi museali romani ad allestire un bar al piano nobile, sotto il loggiato con colonne corinzie che affaccia sul cortile quadrato, a sua volta incorniciato da un portico a quattro archi per ogni lato. Insomma, la magia nella magia per cui le romane, a ben dire, non si sottraggono fin dalla prima ora, aggiungendolo da subito nel loro indirizzario dei luoghi segreti da condividere con le amiche.

ARTE PUBBLICA

A proposito di spiriti e di esoterismo, durante il lockdown le romane si sono date molto da fare per scoprire i luoghi dove aleggia questa disciplina che considerano intrigante, grazie alla presenza di guide preparate. Complice la forzata tendenza a visitare i luoghi d'arte all'aperto, con i musei chiusi per l'emergenza sanitaria, hanno ritrovato la buona abitudine (che si era un po' persa ed era lasciata ai turisti) di passeggiare imparando qualcosa di più sulla loro città. Ma poiché amano la socialità in ogni aspetto, hanno scelto mentori specializzati per ogni settore, facendosi consigliare dal passaparola e sapendo di cadere sempre in piedi perché Roma è la città degli storici d'arte e dei divulgatori. Va fatta però una precisazione: il passaparola funziona solo se arriva da una persona ritenuta affidabile, stimata e con la quale le romane condividono stile di vita e curiosità. Basta una "virgola" fuori posto e l'incantesimo è perduto. Le romane, in fondo, sono viziate dalle infinite offerte culturali, quelle stesse che le fanno esclamare di ritorno da mete come Dubai: «Sono stata bene, ma non c'è paragone».

Sugli "spiriti" e l'"arte pubblica" un bel gioco di società è senza dubbio quello condiviso dalle romane con "Roma Esoterica" attraverso l'associazione, fondata nel 2015, da Luca Rocconi. Alzino la mano – e oggi sono in poche – quelle che non hanno ancora partecipato a uno solo dei tour (della durata massima di tre ore, perché poi l'attenzione cala) tra i luoghi più misteriosi e affascinanti di Roma. Le capitoline, pronte a qualcosa in più rispetto alla classica visita guidata, hanno ben chiaro il senso della parola esoterismo, inteso come "entrare all'interno, andare alle radici" e scelgono senza dubbi un abbigliamento "a cipolla": sempre giacca a vento e sneakers. Sono rare le profane, e comunque tutte fanno almeno una volta il tour di piazza Vittorio dove, nel giardino restituito da non molto alla città dopo un accurato restauro, vanno alla ricerca della spiegazione sulla simbologia e sulle formule della Porta Alchemica – un ottimo argomento di conversazione alla prima cena conviviale, di quelli che fanno sgranare gli occhi in particolare ai non romani –, sorvegliata da due statue del dio egizio Bes. Perché forse non tutti sanno che a Roma si può aprire una porta magica, guardare la sedia del diavolo, tentare di decifrare i simboli o rievocare la dea Iside. Questi tour hanno una grande componente femminile, a conferma che donna è non solo la curiosità *tout court* ma in particolare quella che fa rima con mistero e occulto. Ed è composto da due romane, le sorelle Valentina e Laura Ciarallo (nate lo stesso giorno a distanza di due anni), il sito Sorelle su Marte che durante il lockdown ha fatto vivere una Roma nascosta strizzando l'occhio alla nuova street art nelle periferie della Capitale. Per le romane naturalmente esistono altre associazioni che danno voce a tour originali e inattesi (e meno filosofal-spirituali) e hanno un comune denominatore: fornire elementi di crescita culturale e occasioni per sviluppare la socialità. Le "filocentriche" che nella loro routine metropolitana non hanno avuto occasione di frequentare aree come il Quadraro, il Tufello, San Basilio, Tor Bella Monaca, Tor Pignattara, il Pigneto (qui la romana è già passata se non altro per i ristoranti di cucina romanesca alternativa), hanno iniziato a privilegiare le guide specializzate nella creazione di itinerari della nuova frontiera romana della street art. Una scoperta recente che ha provocato tra le nuove "affiliate" un moto di orgoglio tale da farle sentire delle novelle Indiana Jones, soprattutto se provengono dal quadrante nord: in loro si sviluppa la consapevolezza che Roma è un laboratorio umano sempre in divenire, anche grazie alle *matinée* infrasettimanali con pulmino e autista (uno dei gruppi fa capo alla dinamica Maria Luisa Migliardi) e che si possono vivere luoghi ancora inediti con un sentimento di gratitudine nei confronti dell'arte di strada. Una forma di arte che ha conquistato palazzi e quartieri, regalando un nuovo *twist*. Stesso umore hanno le romane quando scelgono l'associazione Servitori dell'arte, che accompagna le "turiste per un giorno" alla Garbatella: solo 7 chilometri da piazza Venezia, ma un palcoscenico a sé che mette in scena la città "garbata", nota anche come città-giardino per lo stile *British* dei cortili e degli spazi verdi pensati all'origine per essere coltivabili. L'apparizione, durante il tour, di teatranti in costume che declamano brevi scene di vita popolare fa sobbalzare la romana, che però subito dopo entra nel gioco delle "incursioni" e apprezza il contesto privilegiato. La Garbatella è diventata una meta ambita anche perché custodisce il bar dei Cesaroni, dove sono state girate le scene dell'omonima fiction. Selfie assicurato e pasto abbondante dal vicino I Tre fratelli, per immergersi definitivamente nell'atmosfera del quartiere-set.

Anche in tema di visite guidate, comunque, le capitoline più attente considerano già da tempo uno status symbol potersi affidare a due nomi che circolano negli ambienti più esclusivi: Filippo Cosmelli e Daniela Bianco. È bastato un post su Instagram con Chiara Ferragni e Maria Grazia Chiuri, il direttore artistico della maison Dior (fieramente romana), sulla terrazza di palazzo Taverna per diventare le persone giuste al momento giusto. Loro giocano la carta dell'esclusività e dei luoghi inaccessibili che, incredibilmente, a Roma ancora esistono. Adesso se li contendono gli stilisti, per intercettare lo spirito delle location dove allestiscono i loro show, e gli hotel, che hanno capito di dover offrire menu alternativi anche ai romani che hanno ricominciato a frequentare i loro salotti pieni di tentazioni.

Dopo il lockdown hanno fatto capolino con discrezione, ma registrando sempre il tutto esaurito, le Passeggiate romane (la storia dell'Urbe in formato virtuale), iniziativa dell'architetto e scrittore Luca Berretta che ha scelto come epicentro il Farnese Arthouse a Campo de' Fiori. La platea della domenica mattina pullula di attrici.

IL QR CODE

Le romane amano la socialità, ascoltare consigli da chi è più competente e crescere in conoscenza per quanto riguarda il mondo dell'arte, ma gli storici e le guide iniziano ad avere un nemico insidioso quanto immateriale: il QR code. Si fa largo una comunità di neotecnologiche che assapora la soddisfazione di potersela cavare da sé. Individuare le adepte non è difficile, basta osservare il parterre di una mostra tra quelle confezionate con più cura: ci sarà sempre nel proprio campo visivo una romana con il cellulare perpendicolare al padiglione auricolare dopo aver scansionato il QR code e scaricato il file audio con la spiegazione delle singole opere lungo il percorso e l'illusione di appartenere al mondo dei Millenials e della Generazione Z.

LIBRERIA CASCIANELLI

Chiamarla libreria indipendente è decisamente riduttivo. La Cascianelli è uno scrigno di rarità, libri e oggetti preziosi, un covo per collezioniste che non hanno perso il gusto della ricerca e del divertimento. Letteratura, arte, scienza, moda, con la patina della Storia e un tocco inconfondibile di eccentricità, sintetizzata con maestria nella vetrina su largo Febo. Una piazzetta dove resta intatto il coté romantico del Santa Lucia, ristorante con giardino sopraelevato e protetto tra piazza Navona e via dei Coronari, continuamente in lotta contro l'avanzata del "fast" che ha già spazzato via buona parte dei famosi antiquari. Le romane, dopo un lungo momento di sconcerto, stanno tornando a camminare lungo questa strada storica per "incrociare" i tessuti di Lisa Corti, le essenze di Laura Bosetti Tonatto, la nuova boutique Casa Elfrida con porcellane e abiti che profumano di Oriente. *Addicted* all'Antica Libreria Cascianelli, la frequentano rassicurate dalla sua esistenza, come fosse un "termometro" dello stato di salute della Capitale più vera: si perdono appena possono tra i volumi di Dickens, i manuali di cucina d'epoca, i puzzle di fine Ottocento, per vivere un salto temporale attraverso la selezione di edizioni speciali curata da Alessandro Lancia, Alfio Mazza e Va-

«PER LE ROMANE LE LIBRERIE RAPPRESENTANO IL "TERMOMETRO" DELLO STATO DI SALUTE DELLA CAPITALE PIÙ AUTENTICA.»

lentina La Rocca. Una *wunderkammern* piena zeppa di curiosità, un cabinet dove le atmosfere si modificano continuamente, basta spostare gli elementi sorprendenti fra gli scaffali e le boiserie originali. Un *coupe de foudre* inevitabile per le romane osservatrici e raffinate, incluso nella guida personale di Alessandro Michele – direttore artistico della maison Gucci – tra le location preferite nel mondo, insieme alla vicinissima Biblioteca Angelica.

LIBRERIA ELI

ELI – acronimo di Esperienze, Libri, Idee – è la nuova enclave culturale del quartiere Trieste. Non solo: è anche un nuovo modo di pensare al rapporto con i volumi nell'era di Amazon, e una "summa" delle esperienze di librai che appartengono a generazioni diverse (il giovane direttore Diego Pecoriello è figlio d'arte). È una farm culturale, grazie alla collaborazione con la casa editrice Palombi, e un laboratorio dove si costruisce la libreria del futuro: nel loft di viale Somalia, deliberatamente ispirato a uno spazio "gemello" del Village newyorkese, si punta sulla comunità e sul senso di appartenenza. Marcello Ciccaglioni è sempre stato un visionario ed ELI, che è fuori dal circuito della pazza folla, ne è un esempio tangibile. Nell'ex magazzino delle storiche librerie Arion, le lettrici attente alle sollecitazioni culturali hanno ben presente la programmazione di eventi nel loft underground in stile newyorkese: ubicato nel quartiere Trieste, qui si punta sulla comunità e sul senso di appartenenza. Le avventrici sanno di trovare, oltre a volumi di rara raffinatezza, anche chi dispensa consigli – e soprattutto ha letto ciò di cui sta parlando – come un tempo avveniva nelle librerie. Questa enclave culturale sta facendo scuola: nell'ultima sala c'è anche un palco che ospita pièce teatrali con sedie, poltrone e sgabelli dove possono sedere fino a cento persone. Anche il pianoforte ha un nome: si chiama Valerio, come il mecenate amico della libreria ELI (l'avvocato Valerio Di Gravio), che ha messo lo strumento a disposizione di chiunque si trovi a curiosare fra gli scaffali. E poi c'è un angolo di pubblicazioni vintage dentro scaffalature protette da reti di ferro. Altra chicca? La presenza di una "Suprema", un'antica bilancia meccanica per i libri di "peso specifico" che serve a stabilire il prezzo dei volumi donati a ELI e rimessi in vendita a un costo simbolico di 10 euro per ogni chilo. Tutto ciò non è un amarcord bensì il proseguimento di una tradizione che con l'avvento di Amazon si è persa. E le romane che in questo caso dedicano un po' di tempo a loro stesse e all'oggetto libro sanno che potersi confrontare non ha paragone.

LETTURA

Le romane amano leggere, hanno sempre un libro sul comodino e per proprietà transitiva adorano le presentazioni letterarie. Un po' per curiosità, un po' per capire meglio la genesi del volume, e molto per conoscere da vicino i propri autori preferiti. Le capitoline, soprattutto nelle stagioni che precedono il Natale oppure le vacanze estive, si destreggiano con abilità tra le librerie del centro, ma non solo, dove alle 18 scatta l'adunata delle bibliofile. Uno dei palchi più gettonati è stato a lungo quello della Feltrinelli di Galleria Alberto Sordi, dove la romana arrivava almeno mezz'ora prima per sedersi, non sia mai che restasse in piedi: così salta tutta la concentrazione, e il divertimento anche, perché il parterre delle presentazioni di grosso calibro assume velocemente la fisionomia di un salotto. Venire accolti nelle prime file equivale al riconoscimento di essere parte del cerchio degli "intimi" dello scrittore e del relatore di turno. E poi si finisce nel mirino dei fotografi che non mancano mai quando c'è l'attore famoso a leggere alcuni brani, oppure il politico (che si spera non faccia un comizio *pro domo sua* sviando l'attenzione dai contenuti). Adesso il baricentro del luogo più gettonato e frequentato per le presentazioni altamente culturali si è spostato nella Sala delle Colonne della Galleria Nazionale in viale delle Belle Arti, dove la presidente dell'Associazione Amici dell'Arte Moderna a Valle Giulia, Maddalena Santeroni, tiene le fila del ciclo di incontri in presenza, con il foyer sempre pieno. *Setralepagine* è un fenomeno virtuale nato durante il lockdown, e ora oggetto di una escalation di richieste da parte di editori e autori. Ottima anche la partecipazione alla Feltrinelli di largo Argentina, oppure nella piccola arena della libreria Notebook al Parco della Musica, che ospita una manifestazione molto seguita – e a sua volta piena zeppa di presentazioni – che si chiama Libri Come.

Gli eventi letterari che richiedono uno "sforzo" maggiore in termini di glamour e di spettacolarità approdano alla Biblioteca Angelica, luogo eccezionale entrato nel novero delle biblioteche più belle al mondo, oltre che uno dei due Gucci Places selezionati a Roma da Alessandro Michele (l'altro è l'Antica Libreria Cascianelli). È qui che Laura Morante ha presentato il suo libro *Brividi immorali. Racconti e interludi.*

Non sfuggono al rito i circoli storici della Capitale, come il Canottieri Roma e il Canottieri Aniene che "apparecchiano" una vera e propria stagione di incontri negli spazi sociali, per la gioia dei soci e delle romane invitate che non perdono l'occasione.

Per le amanti dei viaggi c'è la libreria Farenheit in Campo de' Fiori, dove spesso le presentazioni si svolgono il sabato alle 12 (e poi ci scappa una pizza alla Montecarlo o una focaccia ripiena, oppure un taglio di pizza sottile dal forno che si affaccia sulle bancarelle di fiori), con gli ascoltatori seduti fuori, sotto lo sguardo severo di Giordano Bruno, che di libri se ne intendeva.

E poi c'è la libreria del Viaggiatore in via del Pellegrino, ma anche la storica Libreria del Mare per chi va a vela o a motore, appena trasferita dal Tridente (dopo 47 anni) in zona San Saba. Le romane invece vanno a colpo sicuro a seconda degli argomenti. E se cercano libri con uno sguardo alle tendenze, un ottimo indirizzo è E'stile in via Chiana, dove sanno di poter trovare il giusto regalo per sé stesse e per gli amici che hanno la passione per l'arte, per i viaggi, per il design e per l'architettura. Il titolare, Pino Vastarella, è anche artista, promotore culturale e *cool hunter*, quindi una garanzia.

Le romane, comunque, si impegnano anche nel creare dei veri e propri circoli domestici di lettura. Ogni mese viene scelto un libro che le associate leggono per ritrovarsi una sera e condividere i loro pensieri. Il giorno prescelto è il martedì, come citazione dei Martedì Letterari. I nomi si sanno ma non si rendono pubblici, perché la cerchia è scelta con un criterio severo e non deve diventare un appuntamento mondano. Alcune di loro organizzano persino delle presentazioni in casa con l'autore (e aperitivo a seguire): la passione e la competenza di Patrizia Cesari hanno dato vita al Salotto di Sant'Agata – un'evidente citazione delle origini pugliesi della promotrice –, legittimato dagli editori che le propongono continuamente titoli e scrittori.

E poi c'è il circolo letterario roman-mondano che ha scelto come sede ideale il palchetto che viene allestito tra i tavoli interni del bar del Fico, dove sono presentati i libri scelti da Flaminia Patrizi.

Poche sono ammesse nella calda serata (a inviti) del primo giovedì di luglio per assistere all'ultimo miglio del Premio Strega che si svolge a Villa Giulia, sede del Museo Nazionale Etrusco, ennesimo gioiello romano. Pur di partecipare al rito sono pronte a sfidare la canicola estiva (all'aperto niente condizionatori). Il loggiato affrescato, poi, è unico ma tiene lontano il ponentino): si muniscono di abiti scollati e di ventaglio, e fanno uno spuntino "salvafame" prima di sedersi ai tavoli perché la tensione si concentra sulla gara e meno sulle portate del menu (light). Una certezza per tutte è di poter brindare anche prima del vincitore con un sorso di liquore Strega dispensato, in formato mignon, insieme ai dolcetti preparati con la ricetta segreta custodita a Benevento. Se nella Capitale c'è una scrittrice o aspirante tale con un manoscritto nel cassetto, quella sera farà di tutto per esserci e portare a termine la *mission* di agganciare un editore.

ABITARE A ROMA

Centro storico, Parioli e Prati sono quartieri consolidati per le romane che possono scegliere. Piazza Vittorio si può definire un esempio di gentrificazione in parte riuscito e Testaccio la nuova Trastevere internazionale. Proprio quest'ultimo, il rione del Belli e di Trilussa, con radici nella classe operaia sulla *rive droite* della Capitale vicino alla Città del Vaticano, va bene per i turisti; eccezion fatta per alcune strade appartate di grande charme come via Garibaldi alle pendici del Gianicolo e del Fontanone dell'Acqua Paola (nella scena iniziale della *Grande Bellezza*, con i visitatori giapponesi che svenivano presi dalla sindrome di Stendhal davanti all'immenso panorama di Roma). Un tempo, secondo il pensiero delle romane radicate da generazioni, sceglievano di abitare in centro storico "le forestiere" che non rinunciavano al fascino e alla storia a cielo aperto. Ora c'è un flusso di ritorno perché durante il lockdown le romane hanno sentito più vicina la parte monumentale di cui si sono riappropriate.

Quelle che hanno privilegiato il quadrante nord (da corso Francia alla Camilluccia e oltre) guardano "il resto del mondo" con un cenno impercettibile di distacco. Le romane che invece vivono in centro storico pensano: "Quelli sono quartieri che potrei trovare nelle aree residenziali di altre metropoli".

Un inciso. Le romane più attaccate alla città, e che vivono il vicinato con intensità, vedono come fumo negli occhi il proliferare di B&B e case vacanze. A meno che non siano loro stesse a mettere a frutto l'immobile di proprietà. Le presenze temporanee che sciamano nell'edificio non conoscono quasi mai le abitudini e l'equilibrio condominiale creato con anni di faticose e lunghe riunioni. Con l'andirivieni degli ospiti il "cambio della guardia" non è sempre immune da disagi evidenti, vedi la biancheria che transita (o viene parcheggiata) nell'atrio in sacchi perlopiù azzurri pronti a partire per la tintoria, molto spesso su una moto con il guidatore in bilico. Solo in una situazione le romane salvano la scomoda "tendenza alberghiera", mostrando un'evidente declinazione snob: quando si tratta di dimore di gusto che selezionano e tengono a bada i clienti.

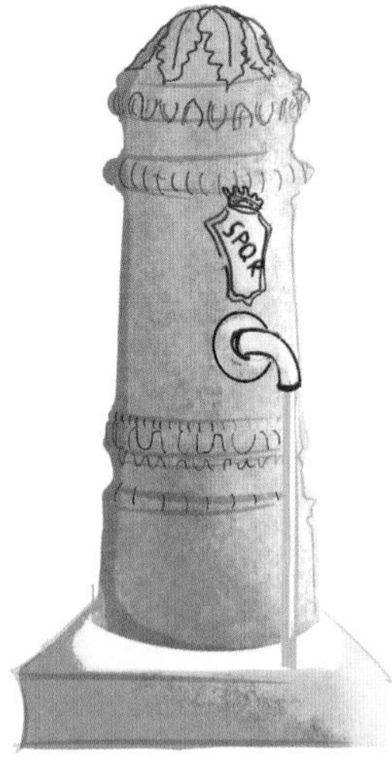

LE ROMANE E GLI INTERNI

Architettonica, urbanistica, multiculturale. Non di rado ci si imbatte in luoghi che hanno vissuto più vite, testimoni di una storia secolare ma capaci al contempo di interpretare il presente. Su questo orizzonte, nell'ultimo scorcio di una lunghissima linea temporale, ci sono anche le botteghe storiche, che di Roma raccontano il folklore e le abitudini di consumo. Le romane che hanno capito il valore di questa eredità a volte cambiano la tappezzeria del loro divano o delle loro sedie più spesso di quanto sia necessario, per mantenere viva la bottega sotto casa nella consapevolezza che gli artigiani vanno corteggiati e difesi, e non solo rincorsi se si vuole mantenere l'essenza della città e del vivere comune. Un ultimo baluardo contro la globalizzazione che spazza via l'anima con la scusa di semplificarti la vita.

La struttura della maggior parte delle case della Capitale ha già una forte personalità ma, si sa, l'architetto d'interni fa la differenza e trovare il professionista che corrisponda al proprio *mood* è un'impresa nell'impresa. Le romane sono consapevoli che rivolgersi a un designer piuttosto che a un altro equivale a una scelta di campo ben precisa. Come nel caso di Tommaso Ziffer: proposte eclettiche, mix di stili e colori, questo architetto ha disegnato il quartier generale della maison Valentino a Palazzo Gabrielli-Mignanelli, oltre agli interni dell'Hotel De Russie e ad aver dato nuovo look all'Hotel de la Ville.

Marta Laudani, la designer Compasso d'Oro nel 2011 che ha disegnato anche per Driade e FontanaArte e insegnato alla Sapienza Architettura degli interni – ma è anche massima esperta di design nordico –, ricorda spesso che: «A Roma ci sono tanti stili quanto in dieci città. Ricordo un professore dire che è quasi impossibile disegnare l'arredo urbano a Roma, perché tale è la forza della città, tale la potenza del contesto, da triturare ogni oggetto e farlo sembrare inadeguato, fuori scala, modesto, non risolto. La nostra riflessione di progettisti deve partire proprio da qui». E Laudani continua con lucido entusiasmo: «Lavorare a Roma costringe infatti a un costante sdoppiamento. Se da un lato la grande bellezza non può essere elusa, dall'altro è necessario fare astrazione. La sovrabbondanza di arte della città crea una sorta di inibizione, quasi un'incapacità a confrontarsi e competere: impossibile vincere! E tuttavia, sappiamo benissimo che ognuno di noi ha in realtà introiettato l'architettura di Roma, la sua arte, i colori, gli odori, persino la luce che accompagna il nostro vivere quotidiano. Un "qualcosa" che si percepisce anche quando non vorremmo. Come un velo o un foglio trasparente, che si sovrappone al nostro lavoro: penso che debba rimanere così, non una citazione esplicita che ci condurrebbe al postmoderno, ma un elemento che si legge in filigrana, mai palese o dichiarato, una sfumatura aggiunta».

Gira voce che le romane abituate a "scalare" i colli (lo ribadiremo all'infinito), dopo aver superato lo step della scelta dell'architetto, manifestino quasi tutte prima o poi la volontà di trasformarsi in aiuto "mastro di cantiere": spesso sono di intralcio, altre volte di supporto creando una buona sinergia (la soluzione ottimale per tutti). Gli architetti dello Studio Lazzarini Pickering (Claudio e Carl) — un sodalizio che dura da quarant'anni con tante soddisfazioni — raccontano in merito che «senza il confronto i progetti sarebbero tutti uguali», confermando che «l'ubicazione geografica (della magione) e culturale (della committenza) è fondamentale». Si aprono dunque all'ascolto dei "desiderata" delle romane che hanno richiesto la loro consulenza: una volta ultimati i loro interventi, continuano a frequentare le case e soprattutto i padroni di casa, che diventano degli amici. Rispettare lo spirito del luogo sul quale si interviene è un assunto fondamentale anche per la decoratrice di interni Livia Rebecchini: le romane le affidano i loro appartamenti degli anni Trenta o Quaranta, ai Parioli o al Pinciano, oppure ubicati in un palazzo del Seicento o Settecento in pieno centro. Lei reinterpreta l'atmosfera in chiave vivibile e colorata, aggiungendo dettagli che raccontano la storia della famiglia che vi abiterà: un lavoro di ricerca a monte per trovare la quadra dell'armonia.

Il duo Giustini/Stagetti (Roberto Giustini e Stefano Stagetti) rappresenta un punto fermo, con standing internazionale, per la scelta di indagare nella tradizione italiana e produrre arredi firmati da designer onirici e atipici come i Fratelli Campana o da Formafantasma (alias Andrea Trimarchi e Simone Farresin, campioni del «Restorative design» secondo la definizione di Paola Antonelli, senior curator del MoMA di New York). La galleria, storicamente in via Fontanella di Borghese (sede attuale dello showroom romano di Sotheby's), si è trasferita in un atelier di via Gregoriana firmato dal grande architetto Umberto Riva. Le romane con la passione e l'occhio per i maestri del Novecento e per i nomi emergenti dell'arredo contemporaneo sono attratte dal codice espositivo di Giustini/Stagetti, sempre formato da pochi pezzi, ricercatissimi. Entrare nella loro sfera non è semplice, ma quando colgono l'interesse della visitatrice raccontano la genesi delle opere con la capacità e la passione di pochi.

E poi ci sono gli studi e i laboratori dove i mobili e i vecchi arredi hanno l'opportunità di una seconda vita. Alcuni esempi? Ritaframes Lab dell'instancabile Rita Mariotti (di origine perugina, accolta a braccia aperte dalle romane), che segue il filo dell'ispirazione lasciandosi condurre da colori, materiali e tessuti, stile libero senza legami. E poi Officine Adda, la bottega di Francesca Maffucci a Monti, quartiere storicamente abitato da artigiani, fabbri, falegnami. «Ogni pezzo unico recuperato con successo è un toccasana anche per lo spirito, perché tocca le corde della memoria» dice la restauratrice e decoratrice che, dopo una laurea in Storia del teatro, ha studiato all'Institut Supérieur de Peinture di Bruxelles. Non ci sono poi dubbi sulla provenienza di alcuni oggetti e arredi vintage che sfoggiano nuovo brio; quando vengono scelti e rielaborati da Mario Pascucci di Inclusivo Design, il cui showroom è su strada in pieno centro storico, che afferma: «Le signore romane sono colpite dall'idea di partire dal passato per dare una seconda vita a un oggetto o a un arredo. E noi li reinterpretiamo in chiave contemporanea. Unicità e sostenibilità». Un mestiere a cavallo tra arte e design, dove il progetto decorativo non è fine a sé stesso.

CONSUETUDINI

Il Teatro dell'Opera è diventato il *place to be*. Una volta si considerava il Costanzi un posto di persone nostalgiche con lo sguardo rivolto al passato recente, rappresentato benissimo dall'insegna del ristorante Matriciano che ha fatto da sfondo – e lo fa ancora adesso – alle foto degli spettatori che attraversavano piazza Beniamino Gigli (un altro nome che sa di rétro) e si dirigevano verso il foyer. Il passaggio di Carlo Fuortes nel ruolo di sovrintendente ha cambiato le carte e scompaginato i parterre dove la "regina" una volta era "la Bersagliera" (la grande diva Gina Lollobrigida) con i suoi gioielli e le pellicce che arrivavano a toccare terra. Le prime dell'Opera sono tornate desiderabili portandosi dietro un cenno di eleganza contemporanea, come lo smoking indossato alle prime dal padrone di casa (e dal Primo cittadino all'apertura di stagione). Se anche mancano gli abiti lunghi – una rarità; la Scala in questo senso rappresenta un'iperbole –, la vera ricchezza è rappresentata dal mix culturale e trasversale dove le romane si destreggiano ormai con grande disinvoltura. Non contano più le pellicce (nonostante Roma sia meno animalista di altre città e anche meno fredda), ma il soprabito di buon taglio, e per il resto molto nero e molto rigore con qualche eccezione accolta con un sorriso indulgente.

«ALLE ROMANE PIACE MOLTO POTER DIRE DI ESSERE INVITATE AI RICEVIMENTI, ISTITUZIONALI, O ESTEMPORANEI, DELLE SEDI DIPLOMATICHE.»

DIPLOMAZIA A BORDO

Roma è l'unica città al mondo che ospita tre ambasciate per ogni Paese straniero: presso lo Stato italiano, presso la Santa Sede, presso la Fao. Vale la pena ricordarlo a chi legge perché non è un dettaglio secondario, anzi. Roma è città di diplomazia e di diplomatici (e relativi collaboratori): sulla carta e nella realtà un'opportunità fantastica per frequentare il pianeta Terra senza spostarsi di un metro dalla propria realtà urbana, ma anche un'occasione per soppesare la propria attitudine alla tolleranza e la propensione dei nostri "ospiti" a interpretare correttamente la viabilità di un tessuto viario mai scontato. Non è raro che le romane si imbattano in una macchina targata CD colta in flagrante, magari fuori traiettoria. Le capitoline sono accorte: appena avvistano un'auto di questa tipologia si tengono a debita distanza e reagiscono come quando notano la "P" di principiante incollata sul lunotto posteriore (o quando appare nello specchietto la scritta «Scuola guida»).

Una nota di merito va fatta: le romane, allenate come sono al traffico e al caos tutt'altro che calmo dei sette colli, possono guidare con perizia e scioltezza nel resto del mondo.

RICEVIMENTI IN AMBASCIATA

La vita sociale della Capitale è movimentata, e non poco, dalla presenza delle sedi diplomatiche di tutto il mondo che interpretano, ognuna con il proprio stile e con contenuti diversi, il loro ruolo di avamposto nella Città Eterna. Alle romane piace molto poter dire di essere entrate nel giro degli invitati ai ricevimenti, grandi e piccoli, istituzionali o estemporanei, delle sedi diplomatiche di Roma. Un'impresa non facile, ma che vale la pena di tentare: una volta dentro, divertimento e prestigio sono assicurati; basta conoscere ciò che conta. Chi ha conquistato la meta sa infatti che i ricevimenti diplomatici hanno un inizio e una fine (due ore, in media), quindi non arriva in ritardo se vuole avere il tempo sufficiente per fare incontri e guardarsi in giro. Inoltre, le romane ammesse in territorio diplomatico non saltano la fila per la stretta di mano e le presentazioni da protocollo all'ambasciatore e alla consorte, e dimostrano in queste occasioni di poter essere delle vere campionesse di sobrietà: eleganti e leggermente fuori moda, indossano tacchi di altezza media, soprabito, abito di seta, collana lunga di perle di Chanel. E osano una spilla preziosa, sulla spalla sinistra: *Queen Elisabeth docet.* A proposito: a Roma c'è una sola persona che non esce mai dalla sua dimora se non porta una spilla appuntata sul tailleur di Dior o sul tubino rigorosamente nero ed è soprannominata con autoironia La Furibonda, ovvero Marisela Federici. Qualcuna riesce addirittura a interpretare il suo umore del momento dalla foggia e dalla dimensione del bijoux, che richiama sempre con un dettaglio il tema del ricevimento.

Attorno alle sale di Palazzo Farnese, celebre edificio rinascimentale che ospita l'ambasciata di Francia in Italia, ruota una buona fetta della socialità capitolina. Il culmine si tocca nella ricorrenza del 14 luglio, festa nazionale in Francia, quando la coda delle auto blu e dei taxi inizia a materializzarsi su corso Vittorio Emanuele, prima di immettersi in via dei Baullari e attraversare Campo de' Fiori, creando un interessante effetto alto/basso. Al piano nobile dell'edificio, le romane che hanno la fortuna di un invito nella galleria dei Carracci si avvicinano agli specchi posizionati su tavoli e consolle non per ammirarsi, ma per contemplare il soffitto senza abbandonare la conversazione.

Il Palais Farnèse si contende la palma di ambasciata più affascinante della Capitale con Villa Wolkonsky, dal 1947 residenza dell'ambasciatore britannico accreditato presso il Quirinale. Si trova in zona Porta Maggiore, tra la Basilica di Santa Croce e la Basilica di San Giovanni in Laterano. Le romane muoiono dalla voglia di calpestare anche solo un angolo dei suoi quattro ettari di giardino che gli hanno conferito il primato di residenza privata con lo spazio verde più ampio di Roma. Viene aperta con discreto clamore per celebrare il compleanno della regina – la festività nazionale britannica –, e con il Giubileo di platino ha definitivamente incantato le capitoline che a giugno, nel Parco che custodisce 36 archi di un antico acquedotto romano (costruito da Nerone intorno alla metà del I secolo a.C.), tombe romane, stagni, prati e roseti, pini mediterranei, si fanno aria con il ventaglio, portano con sé una borsa gioiello e si godono l'aria profumata di gelsomini e di magnolie.

A Villa Almone invece le romane respirano il fascino della villa razionalista all'ombra delle mura aureliane. Nella residenza dell'ambasciatore tedesco in Italia, costruita nel 1941, possono arrivare ad accarezzare i Colli Albani con lo sguardo nelle giornate di cielo terso, e nel parco con pini, lecci e cedri, piante di agrumi e siepi, passeggiano magari ascoltando un concerto.

L'ambasciata svizzera è insediata invece a Villa Monticello in una delle strade più blasonate dei Parioli, al centro di un quartiere che, insieme con il confinante Pinciano, concentra il maggior numero di *maison diplomatiques*. Per le capitoline è una certezza la festa nazionale di fine luglio, un'ottima occasione per vivere la notte romana di piena estate sotto il cielo stellato interrotto dalle fronde dei pini ad alto fusto, cullate a bordo piscina da un ritmo jazz e viziate dai vini *made in Suisse*, che con gli assaggi di cioccolata e formaggio sono presenze ricorrenti nei convivi d'ambasciata come la Festa d'Inverno.

NOBILTÀ A PALAZZO

Nella Capitale le aristocratiche sono più numerose che in altre città e, particolarità nella particolarità, in un chilometro quadrato, tra via del Corso e piazza Santi Apostoli, ci sono tre palazzi di grandi estensioni dove vivono ancora i discendenti di tre famiglie papali (quelle che hanno dato almeno un pontefice alla Chiesa cattolica): Colonna, Doria Pamphili e Odescalchi. Mantenere degli stabili così imponenti non è semplice e molti di loro affittano le stanze affrescate per ricevimenti, o delle porzioni come residenze private o uffici. Quando le romane sono invitate a Palazzo, per quanto abituate alla bellezza, continuano a stupirsi. E chi non può partecipare sa che consultando Dagospia – che ha sempre molti *insider* dalla sua parte – avrà tutti i dettagli. A tal proposito, le romane (che si divertono tanto a giocare a questo gioco) sanno dedurre le strategie di società e di "chi vede chi" attraverso le immagini e la narrazione sul sito di D'Agostino, che dedica al tema anche pagine di cronaca, poi pubblicate giornalmente dai principali quotidiani romani.

ACCADEMIE STRANIERE

Per respirare a pieni polmoni quell'aria cosmopolita che a Roma ha radici millenarie, le capitoline si dirigono con determinazione nei territori delle accademie straniere — costola cultural-sociale delle sedi diplomatiche — che si alimentano da secoli dell'energia autoctona della città, importando a loro volta nuove energie internazionali legate a doppio filo con la cultura. Con il vantaggio, evidente a tutte, di creare percorsi paralleli ai flussi turistici che invece "mordono e fuggono".

E sono molto gratificate dalla possibilità di entrare in contatto con la comunità di intellettuali e artisti che si rinnova continuamente (il giro di boa varia dai sei ai dodici mesi), sviluppando anche una (sana) invidia nei confronti dei borsisti che finiscono per risiedere in ambienti di rara bellezza e armonia: condizione necessaria per creare e restituire alla Capitale nuovo fascino e armonia nei linguaggi dell'arte. Vernissage, aperitivi, seminari, tour negli atelier, ogni occasione viene colta immediatamente come un piacere che tocca i sensi e anche l'anima. Nell'elenco delle istituzioni più frequentate: l'Accademia di Francia Villa Medici a Trinità de' Monti, l'Accademia Tedesca di Roma Villa Massimo nei pressi di Villa Torlonia, l'American Academy in Rome sul Gianicolo, l'Istituto Svizzero Villa Maraini nella zona di via Veneto. Tutti indirizzi di primo livello, piacevoli da raggiungere come nel caso della British School at Rome, dell'Istituto Giapponese di Cultura, del Forum Austriaco e dell'Accademia di Romania, affacciati in buona compagnia sul cosiddetto "miglio d'oro" delle accademie straniere lungo il viale delle Belle Arti.

LE GIOVANI ROMANE

Le ventenni romane hanno riscoperto il blazer. Dopo un lungo periodo di oblio (e di ribellione), sostituito da pullover e felpa con cappuccio, ora tornano a indossarlo a modo loro: no alla camicetta, sì al top e al body. Quelle che navigano con soddisfazione oltre il livello della moda, che secondo loro rende omologate, indossano la giacca con i jeans, un altro vero culto. Nell'armadio ne hanno di tutti i tipi e lavaggi, perché le romane *young* li indossano con i tacchi la sera e con le scarpe gym a tutte le ore. Con le "veneziane" ai piedi, che fanno status, lanciano il messaggio "Posso volare alto senza sforzi". Sono bravissime nel fare shopping online e dosare Zara e low cost. Per i gioielli, oro e metallo, con un focus sulle catenine girocollo sottili che collezionano in abbondanza. Dove si gioca la vera partita è sull'accessorio: dimmi quale borsetta scegli e ti dirò chi sei. C'è la tribù di adolescenti (o poco più) che non si sposta dal *must* Zadig&Voltaire, un brand rock che piace anche alle mamme, le filoparisienne che non rinunciano alla borsa con le frange di Maje, quelle che hanno raggiunto la maggiore età e girano con la bag borchiata di Valentino, oppure con una tracolla Ysl. Rispunta sulle spalle delle giovani l'iconica baguette di Fendi in versione vintage, che arriva direttamente dall'armadio della genitrice (molto magnanima e affettuosa con la prole) più che dal negozio di oggetti vintage.

Le alternative e no logo virano sulla "postina" – e la declinano in tutti i colori con prevalenza del cuoio scuro – di Le Sac Habillé (dietro al brand ci sono Raffaella Papi e Simona Regard) giocando con la tracolla colorata (seta, velluto, passamanerie, senza soluzione di continuità).

Dove vanno con la borsetta performante? A prendere un aperitivo nei posti giusti. Tradotto: nel salotto o nel "giardino clandestino" del W Rome, meglio ancora al Locarno soprattutto quando fiorisce il glicine su via della Penna. Le *teen* vanno al bar del Fico nella piazza omonima dove da sempre si ritrovano gli scacchisti per una sfida sotto la storica pianta di fico a pochi metri da piazza Navona, oppure al bar Perù a due passi da piazza Farnese.

Cosa ordinano? Soprattutto Aperol Spritz, nel vicino Camponeschi all'ombra dell'ambasciata di Francia, da Ciampini in via della Fontanella di Borghese, nel giardino dell'Hotel De Russie. Resiste il Treebar di via Flaminia anche grazie ai giardini che nelle belle serate permettono dei discreti raduni.

Le romane nate alla soglia degli anni Duemila si danno appuntamento al Caffè delle Arti (Galleria Nazionale) per il *lunch* del sabato, ma solo se la giornata permette di sedersi al sole sulla terrazza che guarda il verde di Villa Borghese; l'opzione sala interna non fa per loro. Vanno per l'"ape" (e per il post-ape) anche al bar Parnaso di piazza delle Muse, che considerano un superclassico (con la nuova gestione non si esclude il piano bar). Il "fuoriporta" del fine settimana include il lago di Trevignano, dove l'indirizzo di riferimento è Acquarella. Per la carne, Garibaldi sulla via Tiberina, per il pranzo della domenica. Durante la settimana le cene convergono su Bubi's, oppure sul Ristorantino di Prati dove si mangiano cacio e pepe e altri primi romanocentrici ai tavolini sul marciapiede. Quasi in strada, ma non importa.

Le giovani romane *artsy* vanno a "fare ape" in piedi, bicchiere di vino in mano, al Vinaietto dietro Campo de' Fiori oppure Al Piccolo, sempre in zona. La novità è Exp nel sottoscalone del Palazzo delle Esposizioni in via Nazionale, dove vanno dopocena a ballare fino alle 2 di notte con gli artisti della Capitale.

L'icona desiderata resta Enzo al 29 a Trastevere, dalle parti della Basilica di Santa Cecilia, dove non è previsto che si pronunci la frase: «Vorrei prenotare un tavolo...». Si arriva e ci si mette in coda nel vicolo, con tanta pazienza, ma nel frattempo possono nascere nuove amicizie. E poi c'è l'Osteria delle Coppelle nella piazza omonima, dove si sta in gruppo sia prima e sia dopo i rigatoni all'amatriciana, oppure c'è il sushi del weekend al Green Hole in zona Pantheon, con le pareti e il soffitto ricoperti di piante vere. Fine settimana al Sanctuary, dove dopocena il dj fa ballare le giovani romane.

Il Goccetto di via dei Banchi Vecchi, tutta sostanza e poca forma, è molto gettonato dai trentenni in su. E poi arriva il momento in cui le adolescenti chiedono ai genitori di festeggiare una ricorrenza con un piatto di fettuccine al doppio burro (e tanto Parmigiano) di Alfredo alla Scrofa, mantecate davanti ai commensali con movimenti che somigliano a un valzer (si consiglia di chiedere le posate d'oro massiccio per farsi raccontare la storia).

Le ragazze romane di buona famiglia che fanno mestieri creativi indossano le camicette di seta trovate nell'armadio delle nonne (quelle con il nastro da annodare al posto del primo bottone) con i jeans e gli scarponcini da montagna. Vanno così vestite agli aperitivi di mezza mattina negli hotel, oppure ai vernissage. I completi glam visti sulle pagine patinate dei periodici di moda li lasciano alle influencer (che potrebbero essere ovunque tanto sono scollate dal contesto, tutte prese dai loro servizi fotografici e dai selfie). Lo sguardo su di loro non si posa, ma passa oltre.

INFORMALE, MA NON TROPPO

Sono finiti i tempi del mocassino "di rimbalzo" (abbinato al kilt negli anni Ottanta) come prerogativa delle native del Nord Italia, apparentemente le uniche autorizzate a portare con *nonchalance* questa scarpa maschile anche sotto gli abiti più femminili senza doversene pentire. Le romane hanno imparato a sostituire le ballerine – sempre meno nei loro pensieri, e infatti non le trovi quasi più nemmeno alla Rinascente, universalmente fornita – con questa calzatura che sembra portare con sé un giusto e aristocratico distacco dagli affanni quotidiani di una città che non dorme mai (o comunque che dorme poco). I mocassini assicurano passo svelto e carattere, una sintesi di quello che sono (o vorrebbero essere) le romane.

Tra le sneaker più usate (la migliore amica nei passaggi di stagione), quella che resta salda nella sua posizione riacciuffata dopo anni di panchina è la Stan Smith (nata Adidas), bianca e rassicurante, con un tocco *minimal* di colore sopra il tallone senza impegno. Le romane che non devono dimostrare nulla – leggi, che non hanno bisogno di comprare la sneaker griffatissima e aggressiva per dire al mondo chi sono – la indossano con i jeans e con il tailleur pantalone di grisaglia o di lino ottenendo lo stesso risultato: eleganza senza sforzo, quella che viene da lontano ed è sedimentata da generazioni. Questo è il messaggio che lanciano le romane con la ginnica immacolata.

Durante le gite estive fuoriporta e le colazioni domenicali dalle amiche, bisogna ricordare che il tacco è bandito, vanno per la maggiore i sandali bassi o al massimo con quattro centimetri di "aiuto" – così il piede respira dalle costrizioni invernali – come anche *Les tropeziennes* e le *espadrillas* con il tacco di corda (di nuovo in ascesa), oltre alle friulane (ormai "normalizzate"; non rappresentano più una prerogativa di nicchia) in colori energetici o, al limite, per le più minute, lo zatterone preferibilmente con la tomaia in sughero di Ferragamo. Lo zoccolo, anche se di moda, non è gradito.

SCIUSCIÀ CHIC

È lontano il periodo dello *Sciuscià* di Vittorio De Sica, premiato nel 1946 con un Oscar come miglior film in lingua straniera, che raccontava la storia di un lustrascarpe bambino che lucidava calzature per poche monete. Le cose cambiano: ora quel mestiere umile è diventato un'occupazione di nicchia che attrae un pubblico di cultori. Dietro piazza del Parlamento, in via in Lucina, c'è una bottega degli anni Cinquanta di cui hanno scritto i giornalisti di tutto il mondo, da New York a Tokyo, quando è stata riportata in auge da Rosalina Dallago, conosciuta come la "Sciuscià Chic". Le romane si rivolgono a lei per dare nuova linfa alle scarpe del marito perché sanno che Rosalina ha un'abilità particolare nel conservare bene le calzature e usa prodotti preparati da lei stessa. Quando le capitoline entrano, vengono accolte da un odore molto intenso di creme e lucidi professionali (un odore che tiene alla lontana i cani, perché ad alcuni crea allergia), fra spazzole, scaffali, foto d'epoca e vecchi strumenti del mestiere ormai in estinzione. «Gli uomini le scarpe le curano. Le donne no, non sono di buon esempio: le rompono e le buttano via.» E c'è anche la lucidatura a domicilio, ma con un minimo di otto paia (un regalo che le romane a volte fanno all'amato con il pallino della scarpa perfetta).

ANIMALIER, UN DIVERTIMENTO

Alzi la mano la romana che non ha almeno un interno di borsa leopardato, o uno spolverino comprato nel palazzo di Zara dirimpettaio di Palazzo Chigi (per mettersi alla prova, a cuor leggero). Quello che adesso si usa chiamare *animalier* una volta era necessità più che virtù o gioco; i primi abiti indossati dagli esseri umani non erano forse delle pelli di animali, per scaldarsi e proteggersi? Un'abitudine andata avanti per parecchi secoli. Superato l'ostacolo, si entra nel consapevole: chi sceglie uno stile "animalesco" può risultare in un certo modo aggressiva, ma spesso accade che l'aggressività sia una sorta di manovra difensiva. Gli esperti del settore affermano che coprirsi di fantasie maculate rivela un fondamentale bisogno di sentirsi più forti. O forse semplicemente divertirsi senza tanta dietrologia? La maggior parte delle romane ha un debole per le fantasie *animalier*. Un tocco (o due), non di più. Sanno benissimo che puntare su tessuti tigrati, leopardati, pitonati e zebrati assicura un effetto sensuale e grintoso allo stesso tempo. Ma forse non è questo lo scopo, bensì quello di non prendersi troppo sul serio, spezzare e spazzare l'aura eccessivamente affidabile. Tratteremo più avanti dell'atelier La Jolie Fille con la sua "fantasia a macchie" esclusiva ad alto tasso di eleganza e molto gettonata, ma anche le versioni più commerciali non vengono disdegnate. La romana sportiva a Cortina va a fare l'arrampicata vestita con l'attrezzatura tecnica adatta alla circostanza, ma sulle spalle le spunta un piccolo zaino *animalier* che si arrampica con lei, come un koala. E poi c'è la provetta sciatrice, in tuta rigorosamente monocolore, ma con le muffole *animalier*. E le scarpe in città zebrate, panterate, effetto *sauvage* non possono mancare nella scarpiera. Cosa dire poi dell'accessorio (cintura, foulard, bijoux…)? Ogni armadio delle romane ne possiede più di uno che viene in soccorso alla proprietaria per affrontare una (rara) giornata uggiosa o un incontro subìto e non anelato. Insomma, una "botta di vita" (tra le tante!).

NON CI CREDO MA MI ADEGUO

Alzino la mano le romane che non hanno un cornetto rosso in casa. In pubblico asseriscono di non essere superstiziose ma, forse per la vicinanza partenopea – Napoli e Capri distano "solo" 225 chilometri, ma sono sempre vicinissime al cuore –, se capitano tredici commensali a tavola per loro diventa un problema. Perché conoscono il fatto (storico) che il tredicesimo può essere un traditore, oppure la leggenda che la più "vecchia" tra le commensali può lasciare questa Terra a stretto giro. Le romane, note per adattarsi atavicamente a tutte le situazioni, apparecchiano un quattordicesimo posto fittizio: le più estrose con un cane o un gatto di ceramica o di legno, secondo la tradizione anglosassone. In cuor loro le capitoline sanno anche (dimostrando in questo un sano realismo) che il tredicesimo coperto scompagina l'equilibrio dei servizi di piatti, posate e bicchieri di solito multipli di sei. In generale, difficilmente si possiede un servizio completo superiore ai dodici posti tavola. E ancora, le romane (per non sbagliare) evitano di porgere il sale direttamente all'altro commensale, ma lo appoggiano sulla tavola solo avvicinandolo. Per alcune è necessario fare lo stesso con l'olio: in passato, insieme al sale, erano beni molto preziosi che non potevano essere sprecati, per questo si diceva che in caso di rovesciamento sarebbe sopraggiunta la sfortuna. Altre, particolarmente attente, non passano sotto le scale, non aprono l'ombrello al chiuso e mentre vanno al mare o in montagna, se vedono delle pecore pascolare, le salutano con la mano perché portano soldi. Loro lo sanno, di quell'animale non va sprecato nulla: latte, carne, manto... e allora, per la romana giocosa/superstiziosa vanno perlomeno salutate.

LA SCORTA A RISPARMIO

Per quanto le romane adorino le vendite speciali, dichiarano ufficialmente di non amare i saldi perché «Fanno un po' tristezza», ma tra il dire e il fare c'è di mezzo il mare: anche loro cedono all'acquisto della borsa che a prezzo pieno è esagerata, ma ai saldi abbassa il livello dei sensi di colpa. E fa gioire perché profuma di affare.

Nulla si lascia al caso visto che il territorio è sterminato come le opportunità, quindi nelle settimane precedenti le romane trovano il tempo di andare in perlustrazione per puntare, e segnare sull'agenda, l'oggetto del desiderio così da scovarlo velocemente e aggiudicarselo senza fatica nella calca dei primi giorni. Quelle più preparate non dimenticano di entrare nella mailing list della boutique per partecipare ai presaldi. C'è grande attesa anche per i Black Friday della Rinascente che hanno guadagnato pure una versione estiva, e poi vanno fortissime tutte le tessere di fidelizzazione. Le romane hanno notato che in città si è diffusa l'abitudine di proporre un corner promozionale praticamente tutto l'anno. «Si vive una volta sola» è uno degli approcci delle capitoline che vogliono risparmiare o in denaro o in tempo. Fare la scorta, per chi possiede una partita IVA (o si fa accompagnare da un'amica munita di tessera), equivale ad andare al capannone Metro sulla Salaria, dove sull'economia prevale la comodità di riempire la dispensa soprattutto se in casa ci sono figli maschi (considerati famelici fino al termine dell'adolescenza). La scorta salvifica è anche quella che le romane fanno quando si spostano per il fine settimana nelle seconde case: in pratica un gioco ispirato involontariamente al principio dei vasi comunicanti. In partenza da Roma caricano nel bagagliaio dell'auto le provviste perché temono di non trovare i negozi alimentari aperti quando arrivano a destinazione (le code in autostrada sono un'incognita), per tornare poi la domenica di nuovo cariche di provviste comprate in loco perché «Il sapore è diverso quando si compra alla fonte» e se abitano in pieno centro «I turisti potrebbero aver fatto man bassa nel market sotto casa».

VEDO ARANCIONE

C'è un luogo su tutti che convince le romane ad ammettere la partecipazione attiva al rito del saldo annuale: il tradizionale Davide Cenci. Uscire da una delle sue porte col sacchetto di plastica spessa (e non con la consueta scatola o l'appendiabiti), le fa sentire delle *conquistadores*. Il suo logo arancione e marrone risale al 1929 – Benedetto Croce fu uno dei suoi primi clienti quando era "solo" una camiceria –, l'arredamento rassicurante senza il timore di sembrare démodé, la gentilezza dell'esercito di commessi professionali e allineati all'entrata come soldati le fa sentire nell'olimpo della qualità ad alto tasso anglosassone. Due piani di negozio dove i politici e le politiche (Montecitorio e Palazzo Chigi sono dietro l'angolo, il Senato poco lontano) trovano l'abito istituzionale e il "riguardo scontistico", i futuri sposi il tight, lo sportivo il girocollo di cachemire o il pantalone di velluto a costine, e dove le mogli, le fidanzate, le compagne si sentono al sicuro lanciando sguardi di complicità sul gusto all'esperto che consiglia il cliente. In alcuni casi – rari – si incontra anche la romana abbiente che accompagna il domestico per vestirlo in modo che possa rappresentare adeguatamente la famiglia anche al di fuori della casa dove presta servizio.

SHOPPING CON PLUS VALORE

Roma è una città che cambia pelle ogni giorno sotto i nostri occhi. Il Tridente, che vale la pena ricordare è patrimonio dell'Unesco, è un po' lo specchio di questo trasformismo con le boutique che vanno e vengono. Non si fa in tempo a gioire per l'arrivo di una griffe che ecco ne scompare un'altra. *Coming soon*... E ricomincia l'attesa. Approfittando della girandola perenne degli *opening*, i colossi della grande distribuzione globale si prendono palazzi e vetrine: con la promessa di facilitarci lo shopping quotidiano, chiedono in cambio l'anima della città. Niente paura, perché l'alternativa esiste, basta armarsi di pazienza e zigzagare tra le chimere dei megastore con la fila alla cassa, tirando diritto verso quei negozi che somigliano più a botteghe, laboratori, salotti. Per uscirne con un'esperienza oltre che con una shopper.

Come tutte le donne del mondo, le romane amano fare acquisti. Nel tempo hanno affinato tecniche e indirizzi, imparando a "surfare" nel mare magnum delle sollecitazioni. Tenere botta in una situazione di estrema fluidità dell'agenda cittadina è una disciplina sportiva a tutti gli effetti.

Deluse in seconda battuta, dopo il primo facile entusiasmo, dall'arrivo in città di quei brand internazionali che una volta le facevano sentire appagate nei panni delle "*cool hunter*" – professioniste della caccia alle tendenze – al ritorno da un viaggio a New York (la meta su tutte), hanno spostato l'istinto di predatrici di novità fashion transnazionali verso la creatività artigianale locale. Apprezzando con obiettività anche quella che arriva da fuori le mura cittadine.

Atelier e *trunk show* assicurano a tutte le partecipanti il brivido dell'originalità e del pezzo unico, fuori dall'omologazione delle grandi catene, che tuttavia rimangono rassicuranti e perfette per il cosiddetto "sfizio". Il massimo, infatti, ormai lo hanno capito quasi tutte, è riuscire a creare un outfit convincente partendo da Zara o similari e mixando il low cost con pezzi pregiati: un esercizio che accomuna le romane al resto del mondo.

Ma dove si sentono uniche è quando possono avere accesso agli appuntamenti più "effimeri", della serie "qui e ora", quelli ai quali si accede su invito perché si appartiene a questa o a quella tribù, oppure grazie al passaparola delle amiche più generose e affettuose. Ebbene sì, perché ci sono anche romane che tengono ben stretti i loro *save the date* insieme agli indirizzi scovati e conquistati, perché estremiste del pezzo che "fa status". (Ci siamo passate un po' tutte, quindi hanno la nostra comprensione.)

Le romane, in definitiva, hanno affinato l'arte dell'acquisto trasformandolo, come accade per altri settori, in un gioco di socialità.

Alcuni mercatini social-chic sono diventati vere istituzioni dello shopping cittadino. Le più creative hanno spiccato il volo proprio partendo da queste piattaforme spontanee. Ci sono capitoline che farebbero carte false per entrare nella loro mailing list perché sanno che le relazioni sociali sono l'effetto collaterale più gratificante. Nel mese che precede il Natale, poi, le romane vanno a colpo sicuro: chi non ha tempo di girare per negozi o non ha voglia di affidarsi al "freddo" online, può risolvere con la visita anche a una sola location.

MY CUP OF TEA POP UP

Quasi uno scioglilingua per sintetizzare il grande lavoro di Flavia Muzi Falconi nel tenere le redini di questo contenitore che, nel frattempo, dalla sede originaria di via del Babuino – un ex studio di pittori affacciato su un cortile – ha traslocato in via Gregoriana, in un palazzo blasonato nella strada dei grandi atelier di alta moda. Visto che le romane amano stupire e farsi stupire (perché la vita è anche un gioco), la categoria "show creativo" non si sottrae affatto, anzi. Emblematica è la sorpresa di un'artigiana del Nord Italia entrata nel "cerchio magico" di Flavia Muzi Falconi, colpita dagli affreschi e dagli stucchi dorati di Palazzo Borghese: «In un'altra città un luogo del genere sarebbe un museo». La risposta è quella di una romana in overdose di orgoglio: «Ne abbiamo una tale quantità che possiamo permetterci anche questo!». Ecco un prologo per raccontare l'esperienza di My Cup Of Tea e la comunità che si è formata negli anni attorno a un format che ha abbinato alla valorizzazione dell'artigianato elegante un gusto speciale nella scelta dei luoghi, dove ogni volta solleticare la voglia di gratificazione delle romane davanti a un indirizzo iconico. Dal loft d'artista con molto charme di via del Babuino, con affaccio su via Margutta, all'elegante Palazzo Franchetti di via Gregoriana, dal Palazzetto di Trinità de' Monti alla magnificenza di Palazzo Borghese.

Le capitoline amano frequentare questo circolo virtuoso dove vengono immortalate, se consenzienti, dal talentuoso click fotografico di Gina De Bellis, e possono toccare con mano cose belle, pezzi unici che si distinguono ma con discrezione: «La qualità non è un'opinione, e nel tempo si vede» è il motto della fondatrice, la quale si premura anche di inviare una newsletter – come è d'uso nei Paesi anglosassoni – per tenere viva l'attenzione della comunità, anticipando le nuove tendenze su colori, mood, stili di vita.

UN LOFT NEL PARCO

L'energia di Lusiana Zanella e Anna Aliprandi Marzotto, le ideatrici del brand Eklettikarte e dei cuscini *one-of-a-kind* ricamati con parole-icona (stile *pillow talk*), è contagiosa.

Prima nel ruolo di "pioniere", con un box nel mercato rionale dell'Unità (via Cola di Rienzo) dove vendevano accessori per la tavola e curiosità varie scovate in giro per il mondo, accanto ai banchi della frutta e verdura. Poi promotrici di appuntamenti energetici nel loft, "costola" in stile newyorkese dell'abitazione di Anna, immersa nel verde della via Ardeatina, diventato il loro centro operativo. Due volte l'anno, prima del Natale e a inizio estate, qui si respira il profumo dell'originale Caravanserraglio, la rassegna curata da Ciu Ciu Bosco e Flavia Donà dalle Rose che nei primi anni Duemila apriva la strada a tutti i successivi suk chic. La "tre giorni" di culto ha visto crescere la comunità di fan: glamour, artigianato, socialità, buonumore, cuscini sull'erba e sfilate. E poi: il picnic all'aria aperta di Vivi Bistrot, il dj set, il percorso tra le "isole" delle designer ospiti che arrivano anche da fuori Roma, un raduno "nazionale" del Made in Italy. I capisaldi – Celeste Oliphant (pigiami e kimono preziosi), Margherita Revelli Caracciolo di Melito (lacche moderne e *fusioniste*), Theodora Bak, Marzia Genesi, Barbara Biffoli – sono alcune delle creative che attirano le romane, vivacemente curiose. E spuntano nuove collaborazioni, come quella con la gallerista Valentina Bonomo per presentare giovani artisti contemporanei invitati a esercitarsi su una tematica.

GARAGE SALE AL BORGHETTO FLAMINIO

Stretti fra le rotaie del tram che porta da piazza del Popolo a Ponte Milvio e le vecchie carrozzerie addossate alle pendici di Villa Borghese, la domenica si può diventare rigattieri per hobby. L'armadio è troppo pieno, i soprammobili sono arrivati oltre il livello di guardia? Oppure: si è cambiato stile e urge liberarsi dei retaggi del passato? Niente paura, basta affittare un banchetto al Garage Sale e avvertire amici e parenti. Si potrà contare su di loro, ma soprattutto su perfetti

sconosciuti che rimangono affascinati, abbagliati dal nostro vecchio foulard di Hermès, oppure dalla sahariana comprata per un safari che mai ripeteremo.
Il mercatino del Borghetto Flaminio, rispetto agli altri ritrovi della domenica, vive di luce propria. Basta pagare una cifra simbolica per il biglietto di ingresso e si viene immersi in una commistione tra Londra, Parigi e New York. Non si tratta delle solite bancarelle di *brocantage* bensì di stand con abiti o borsette, qualche vetro, con una loro dignità e in ordine cromatico. Le romane che lo frequentano sono spesso le stesse che periodicamente noleggiano uno spazio per svuotare armadi e cantine, tra eredità, accumulo compulsivo e regali di Natale e compleanno che non sono finiti in una "tombola dell'orrore" di Capodanno. D'altra parte, i loro cognomi sono realmente doppi e rimandano ai più noti tra i blasoni romani. I fondatori Paolo Tinarelli ed Enrico Quinto sono loro stessi collezionisti di abiti e di accessori di alta moda, dunque hanno dato il giusto *imprinting* per diventare poi punti di riferimento per le romane amanti del mercato delle pulci e che snobbano Porta Portese. Le signore si aggirano tra le postazioni e intrecciano conversazioni con i venditori che spesso esulano dall'acquisto. La trattativa sul prezzo esiste, ma non sfiora mai l'eccesso perché inelegante. Se si capita all'ora di pranzo si può mangiare una polenta con polpette, in inverno, o una pasta fredda in estate, ordinati da una cucina su quattro ruote che distribuisce le pietanze in contenitori completamente riciclabili. E tutti si siedono con tutti, quasi fosse un circolo dove può capitare di incontrare creativi del lusso a caccia di ispirazione, celebrità hollywoodiane, divi del piccolo schermo, in un'atmosfera stimolante e fuori dal tempo.

GLI "SHOW" ROOM

Per essere sicure di uscire dai "binari" dello shopping canonico, le romane hanno imparato nel tempo a coltivare un "tesoretto" di creative che ricevono nei loro showroom, spesso condivisi, dove si può passare un pomeriggio piacevole anche scambiando due chiacchiere, solitamente all'ora dell'aperitivo. È il caso di Manfredilab, animato da un gruppo di artigiane riunite grazie all'intraprendenza di Giovanna Cultrera e Chicca Reale, anime del brand GioChidacqua (costumi da bagno e abiti da sera), nato per colorare le estati al mare delle romane e poi passato a vestire anche le loro serate, tra feste e ricevimenti. Sotto lo stesso tetto ai Parioli: Claire Crowley, che realizza abiti da giorno con spirito *British*, la decoratrice di mobili e oggetti per la casa Emanuela Sauve (SauveSimen), le designer di borse e cinture Raffaella Papi e Simona Regard (Le Sac Habillé), Laura Innacoli con i sandali su misura Alma, e Carla Vallotto con i cuscini ikat e le friulane. Complicità e divertimento. Dal lato più residenziale di Ponte Milvio, Betta Poidomani, milanese di nascita e romana di adozione, da dieci anni disegna una collezione dopo l'altra distillando il meglio dello stile di Roma e di Milano. Abiti di seta, camicie e pantaloni risolvono i dilemmi "tessili" delle romane, che sfogliano volentieri i post su Instagram come fossero cataloghi e vanno a colpo sicuro quando varcano la soglia del suo e degli altri showroom. Bussano invece alla porta di Inor in via della Stelletta, in un palazzo di Campo Marzio, quando hanno voglia di lustrarsi gli occhi davanti all'argenteria di fattura italiana e agli oggetti che Susanna Papini sceglie con molto gusto dai suoi fornitori parigini. In via del Corso, poi, c'è lo showroom di Chiara BCN: i suoi bijoux, tra rock 'n'roll e Marrakesh, vengono indossati anche dai Maneskin, che hanno "pescato" con lo stesso "campanilismo" dalle collezioni di Giulia Barela (con boutique in via Giuseppe Gioachino Belli). Per indossare i pigiami di seta di Silence Please bisogna rincorrere sui social le due designer romane, Ludovica Del Prete e Federica Fiorentini, che di tanto in tanto mostrano i nuovi pezzi della collezione nella stessa stanza di un affascinante B&B, all'ultimo piano di un palazzo d'epoca di piazza del Gesù. Idem per le *addicted* della Bizantina bag, la pochette nata dopo un viaggio a Istanbul e realizzata con ikat di velluto e fermaglio di ottone a forma di tartaruga, abituate a inseguire Benedetta Lignani Marchesani sulle terrazze o nei salotti degli hotel del centro storico. Dopo tanto shopping e con gli armadi pieni, le romane spesso si ritrovano smarrite, ed è qui che Alessandra Manzi (sui social Aleangi) corre in aiuto. Stylist e fashion advisor, oltre che ideatrice con Barbara Biffoli (nota per la sua linea di gioielli) della cintura a forma di "nodo" vista sul girovita di tante romane, suggerisce come organizzare l'armadio seguendo un ordine cromatico e come recuperare pezzi finiti nella categoria "vintage" con nuovi abbinamenti: «Gli armadi delle romane sono pieni di cose belle, ma non sempre utilizzati al meglio. C'è bisogno di una continua ispirazione». La città, è noto, distrae, e l'outfit ne risente.

«PER LO SHOPPING LE ROMANE ATTINGONO VOLENTIERI AL "TESORETTO" DELLE CREATIVE LOCALI, CHE SELEZIONANO E COLTIVANO CON CURA.»

MONDELLIANI

Per esorcizzare l'inevitabile prescrizione dell'oculista (la presbiopia prima o poi arriva), le romane si dirigono con passo deciso in via dei Prefetti verso una deliziosa e sofisticata boutique che ha costruito, attorno al semplice gesto di inforcare gli occhiali da vista (e da sole), una comunità raffinata e cosmopolita. È il concept store dei Mondelliani, impresa di famiglia dove contano le singole personalità più che il ruolo, regno della montatura "sartoriale". Il loro Ottovolante – forma ergonomica e tante sfumature, compresi gli esemplari in giallo e nero disegnati per il Festival di Locarno – è sul naso delle romane, che lo cambiano in base al colore dell'abito. Il critico Achille Bonito Oliva ha scritto di loro: «Dunque anche l'occhio vuole la sua parte. Per questo Mondello chiede agli artisti di creare una vetrina per lo sguardo, una sequenza di forme e di orpelli capaci di catturare il passo dello spettatore-viandante. Per meglio guardare e meglio vedersi». Un effetto pirotecnico: qui si fa anche scorta di cappelli Grevi di Firenze, guanti da mettere sotto l'albero, bijoux fantasiosi di Sobral, e soprattutto si fa tesoro dei consigli dei Mondelliani, instancabili globe-trotter sempre generosi di indirizzi. Le romane gli riconoscono un grande buongusto, e apprezzano l'ottimo intuito dello specchio posizionato sulla strada per facilitare la scelta della montatura giusta, con la luce naturale. «Le signore cercano un'esclusività colorata e ironica» racconta Federico Mondello, giovane uomo dalle mille idee. Le pezzette per pulire le lenti sono ormai un oggetto di culto: arrivano nel salotto in stile francese con cadenza prenatalizia, gratificando l'attesa delle clienti collezioniste (che non vorrebbero mai condividerle, nemmeno con il consorte). «A me gli occhi, *Please*» chiuderebbe Gigi Proietti.

LA MIA RIGA È DIFFERENTE

Le sorelle De Clercq, Diane ed Evelyne, hanno aperto il loro primo negozio trent'anni fa creando attorno a loro una community "di nicchia" che detesta l'apparire fine a sé stesso. Le romane che frequentano l'atelier di via dei Prefetti sono esperte del buongusto e qui vanno sul sicuro: anche quando la tendenza della moda era scura, loro cercavano in questo salotto colori, allegria e righe. A proposito, la riga De Clercq è sempre diversa perché quando finisce un rocchetto di filo, Diane cerca e trova un nuovo accordo, mai messo a caso, con grande senso del cromatismo. Tra le clienti affezionate la matematica e colta scrittrice Chiara Valerio, che prima della presentazione del suo libro sui vampiri *Così per sempre* non resiste e rivela il lato leggero, confidando la sua ricetta di look: «Vestirsi sempre con tinte unite, niente fantasie, stesso taglio di capelli così quando passano gli anni, ti guardi allo specchio e ti riconosci». Geniale.

VIA DELL'OCA O VIA DELLA PENNA? IL RISULTATO NON CAMBIA

Lasciata alle spalle piazza del Popolo, aggirati i tavoli all'aperto del ristorante Dal Bolognese, dove c'è la certezza di scorgere un vip nazionale e internazionale che assapora il bollito, la cotoletta di vitello alla milanese o affronta il tortellino in brodo, voltato l'angolo si apre sulla destra una strada che di nomi ne ha due: si comincia con via dell'Oca e si finisce con via della Penna (ironia tutta romana), in poche centinaia di metri. Una strada piccola ma cruciale per le capitoline, vista la grande concentrazione, sul marciapiede sinistro, di insegne di fascino. Qui la designer di gioielli Lucia Odescalchi ha aperto una vetrina, ed Elif Sallorenzo, la fondatrice del marchio Artisanal Cornucopia, ha replicato l'esperienza maturata nel loft di Soho (New York), selezionando anteprime ed esclusive di oggetti d'arte, arredi e abbigliamento, legati dal filo rosso della fattura artigianale. Le romane che si dirigono da queste parti, magari già pregustando un aperitivo al bar dell'hotel Locarno, vengono attratte dalle stampe originali e dal bouquet di colori decisi delle collezioni (pezzi minimal e senza tempo) firmate da Laura Urbinati, fashion designer romana di nascita (e milanese d'adozione). E nel vicino atelier di Cristina Bomba (anche lei a Soho negli anni Ottanta), tra una lezione di cucito e una prova sartoriale, a cui si aggiunge la realizzazione di costumi per il cinema e la TV, resta intatto il fascino del guardaroba completo (dal cappotto alla lingerie) che prende forma sovrapponendo stoffe e forme che magicamente compongono uno stile essenziale. Per prendere il volo con un solo trolley, ed essere autosufficienti in qualunque parte del mondo: le romane che passano in questa sartoria, va da sé, non sono mai banali, e si mescolano alla clientela internazionale. Quando hanno voglia di fiori entrano da Ciuri, raffinata boutique dove Ivana Corso pratica l'arte della composizione floreale con un'attitudine naturale e spontanea. Un'altra casella di questo interessante '"gioco dell'oca" è riservata all'Antica Manifattura Cappelli di Patrizia Fabri, con un archivio di ben duemila forme di legno per copricapi perfetti sia per frequentare un hotel a cinque stelle che per andare a curiosare tra i banchi di Campo de' Fiori, come ricorda la stilista che collabora con l'alta moda, e ha "decorato", tra l'altro, le teste di Madonna e Lady Gaga *on stage*.

MARISA E FLAVIA PADOVAN

«Donna Allegra [Agnelli], è tanto che non la vediamo!» disse Marisa Padovan e la risposta fu: «Per forza, i vostri costumi durano una vita». Marisa Padovan, di natali veneti, dal 1967 ha fatto la sua fortuna a Roma con un prodotto di alta sartoria per il *beach wear* nella consapevolezza che la romana è esigente, molto colorata, talvolta oscillante tra cognizione e autoironia. Insomma, una buona palestra. L'azienda diretta ora dalla figlia Flavia, che ha diversificato in *haute couture e prêt à porter*, ha clienti in tutto il mondo e, come per l'alta gioielleria, coinvolge spesso uno staff per esaudire i desideri delle fortunate signore internazionali. Comprese le mogli degli emiri. Proprio da Roma parte un prodotto unico in fatto di costumi che ha mantenuto negli anni uno standard alto a tiratura limitata. Compresa una lista d'attesa nelle stagioni "calde".

PORTA PORTESE

Il più grande mercato di Roma, e uno dei primi in Europa, è quello domenicale di Porta Portese. Prima di partire alla scoperta del tesoro, le romane fanno tappa obbligata per un caffè al bar Bernardini rimasto come negli anni Cinquanta, con tanto di parete di ceramica alle spalle del bancone. A proposito di ceramiche da arredo bar, è famosa e storica quella del caffé pasticceria Il Cigno in viale Parioli, il locale aperto dal 1949. E sono entrate nell'orizzonte visuale delle romane ormai anche tutte le mattonelline bianche quadrate dei tanti locali classici per nascita, trasformati in bistrot parigini, per dargli un tono più rilassato (la boiserie, si sa, impegna e bisogna essere all'altezza per "frequentarla"). Torniamo a noi.

Come cantava nel 1972 Claudio Baglioni:

«Porta Portese,
Porta Portese,
Porta Portese,
Cosa avrai di più,
Vado avanti a gomitate
Tra la gente che si affolla,
Le patacche che ti ammolla quello là
C'ha di tutto, pezzi d'auto,
Spade antiche, quadri falsi,
E la foto nuda di Brigitte Bardot».

Le gomitate ci sono, gli antiquari che affollavano piazza Ippolito Nievo sono rimasti in pochi (e le due vie che si diramano come affluenti del Tevere hanno un alto tasso di Oriente), ma l'atmosfera è sempre molto divertente per le romane che la domenica mattina, non troppo presto, decidono (o si illudono) di fare l'affare. Un tempo gli espositori iniziavano ad allestire in piena notte, anche alle 3.30, per dar modo agli antiquari di non incontrare i propri clienti e scovare, muniti di torcia e per questo soprannominati dagli ambulanti "i polpari" – come i cacciatori subacquei di polpi con la torcia sulla fronte per catturare le prede al buio –, e scovare gli oggetti da rivendere nei propri negozi in centro. Racconta un venditore con la pelle bruciata dal sole e il banco da trent'anni che le sue clienti romane sono molto diverse (guarda caso!) e vanno dalla casalinga all'imprenditrice, dall'attrice alla giornalista, fino alla categoria delle politiche: «Loro arrivano con l'auto blu di domenica, che gli paghiamo noi, e sono le più dure nella contrattazione. Gli chiedi 10 e ti propongono 2». Qui si incontra la punk, la rasta, l'alternativa e la signora col maglioncino di cachemire, tutte fluttuano allo stesso ritmo attorno alle bancarelle di merce a 1 euro, tra le rivendite dell'abbigliamento nuovo o usato, passando dai tavoli delle *militaria* al corner dei lampadari anni Settanta. Le romane che vogliono "lavarsi la coscienza" per i troppi acquisti egoriferiti le vedi mentre affondano le mani nei cumuli di cravatte per scovare quella giusta da regalare al marito annoiato dal lungo tour alla ricerca della "pietra filosofale" della domenica. Lo sguardo si posa anche su un altro grande classico come le biciclette, con la curiosità e la vivacità di sempre nella consapevolezza che hanno già tutto, ma qualcosa da portare a casa la trovano comunque. Vanno via con la conquista tra le mani incartata nel vecchio sacchetto del pane o nel giornale consumato e inserito in borse di plastica dallo spessore inesistente. Tornano a casa, mettono l'oggetto nel lavandino e col sapone sullo spazzolino lo lavano immediatamente per esporlo con orgoglio come fosse un trofeo di caccia (magari solo per qualche giorno). Per aggirare l'impasse dell'attraversare tutta la città e della mancanza di parcheggio, le capitoline di Roma Nord si dirigono invece verso la "Porta Portese" snob di Ponte Milvio, diventato ulteriormente famoso grazie a Moccia per i lucchetti, pegno d'amore eterno (al momento). Pochi banchi originali, eccetto tre *brocanteurs* vicino al ponte che rappresentano una scusa per fare una sosta dopo la pedalata sulla pista ciclabile sul Lungotevere tra un caffè da Mondi e una pizzetta in piazza.

A CACCIA DI AFFARI

Le capitoline sanno che ogni rione contenuto all'interno delle mura aureliane, più che ogni quartiere, ha il suo mercato. Sparsi per la metropoli sono settanta, di cui trenta coperti che non offrono soltanto frutta e verdura e altri alimentari per riempire la dispensa. Non potendo citarli tutti ne abbiamo scelti alcuni che conosciamo meglio, pur sapendo che qualche romana non si ferma di fronte alla distanza e magari va a fare la spesa dal centro al mercato Trionfale, dai Parioli a quello chiamato "di piazza Vittorio", che si è trasferito al chiuso ma solo a poche vie di distanza, guadagnando un comodissimo parcheggio a ore. Tutte ci vanno a caccia di affari. Una volta era un tabù, invece oggi l'acquisto ottenuto dopo aver studiato le bancarelle diventa il "termometro" del proprio buongusto e della capacità affinata nei tanti viaggi all'estero, tra i caravanserragli, i mercatini delle pulci di Parigi e il suk di Marrakesh. Un rito utile anche per avere nel cassetto un regalo jolly a fronte di un invito improvviso.

Le romane di Roma Nord, comunque, non possono esimersi dal frequentare il mercatino di viale Parioli. Le clienti sono delle *habitué* e spesso il banco di abbigliamento di Marco concede la prova a casa per poi tornare, al fine di restituire o saldare il capo in questione. Mentre è un raduno con sfumature molto social il mercato del venerdì al Villaggio Olimpico, dove si danno appuntamento le dandy per scovare la vestaglia di cotone indiano — c'è anche la versione di velluto per la stagione più fredda che diventa caban da sera — da usare l'estate anche sopra il costume da bagno per scendere in spiaggia (la fonte è il Mezzaro di viale Parioli, ma qui sul banco c'è più quantità, quasi da vertigine). Le romane fanno uno sforzo e si alzano presto per poter avere la prima scelta. Tra i banchi più gettonati, quello che vende kit di lenzuola o asciugamani per le seconde case o i B&B (perché non c'è romana che non ne vanti almeno una). Il rapporto qualità-prezzo è imbattibile anche durante i migliori saldi.

Al Mercato di Testaccio le capitoline vanno per alcune priorità esclusive: le scarpe di Cesare, da Adelaide per le stoffe dipinte a mano e per il banco della pizza bianca col sesamo. Da Cesare, oscillante tra l'indifferente e il rude ma competente in fatto di estremità femminili, passano un po' tutte: imprenditrici, donne dello spettacolo che osano una scarpa che a prezzo pieno magari non comprerebbero perché, a sentir lui, sono tutti pezzi di campionario. E poi c'è il sabato in cui una band – i ritmi della giornata sono sempre una sorpresa – intrattiene le romane che decidono di fermarsi nella piazzetta al centro del mercato (tanto per cambiare, basta guardare oltre la ringhiera e si scopre l'ennesima porzione di resti dell'antica Roma) per consumare un piatto tipico in chiave street food. La scelta, come la qualità, è alta. Un sabato sera al mese il mercato resta aperto e si balla a suon di orchestrine. Un'altra location rionale che cambia pelle dopo l'orario di chiusura è Juma, il banco del pesce del mercato della Bufalotta che la sera diventa bistrot: i gestori cucinano piatti di pescato del giorno serviti su tavoli composti con assi di legno che spuntano tra i banchi. E le romane si divertono a invitare gli amici non formali.

SECONDA MANO, SECONDA A NESSUNO

A tal proposito c'è un luogo meraviglioso a via delle Mantellate, strada di Trastevere diventata famosa anche grazie a Strehler e a Ornella Vanoni, rispettivamente autore e interprete dell'omonima canzone – esempio di tradizione intellettuale degli anni Sessanta – e reinterpretata da una romana iconica come Gabriella Ferri, unica non solo per la voce dalla struggente cadenza teatral-romanesca, ma anche per lo sguardo tagliente del popolo e l'allure folk ricercato. L'indirizzo che corre di mano in mano senza clamore – e senza essere passato attraverso il rito a volte superfluo dell'*opening* con drink – è Triplef, un concept vintage ideato da Federica Formilli Fendi (cocreatrice di Fendissime), coadiuvata dal direttore artistico Carlo Alberto d'Emilio. Il movimentato loft su due piani restaurato in vetro, cemento e ferro da Stefania Miscetti, "vicina di casa" con la sua galleria – da qui sono passate le opere di Marina Abramovic, Yoko Ono, Maria Lai –, è stato lo studio di Schifano, De Dominicis, Twombly e Mochetti. Insomma, una parte consistente della storia dell'arte degli anni Sessanta ancora oggi nella *wish list* delle romane che fanno collezionismo. Qui sono esposti arredi, complementi e oggetti di una moda di ritorno, acquistati in giro per il mondo con la possibilità del riuso nel flusso dell'attuale trend. Le romane che visitano e acquistano da Triplef (FFF) – il cui nome è l'acronimo, o meglio un raffinato gioco di parole con le iniziali della proprietaria – non hanno un'età definita. Le giovani sono molto incuriosite da questa economia circolare, e dal fatto che le cose si muovono con grande velocità in un design tornato di moda; le cinquantenni si tuffano invece nell'esperienza per rivivere situazioni del passato decontestualizzate rispetto ai loro ricordi, e per questo fonti di emozioni nuove di zecca (o quasi). Vanno le amiche di Federica, vanno le signore di Roma Nord (Parioli), vanno le appassionate di arte che amano il genere, ovvero oggetti magari non preziosi, ma testimoni di un periodo e soprattutto porta di ingresso alla stanza dei nostri ricordi: vasi anni Quaranta, borsette della nonna che amava il velluto di Roberta di Camerino, scarpe Manolo che evocano la New York di *Sex and the City*, giacche arrivate direttamente dagli anni Settanta senza passare dal "Via!", credenze, carrelli, lampade insolite, specchi, tavoli da pranzo, sedie Mackintosh. Passano in rassegna tutta la scenografia velocemente e con un occhio allenato al bello, immaginando già la collocazione di ciascun elemento, per essere prese poi in contropiede da un Boetti originale; parliamo della "quadratura" color pastello, che non può mancare a certe romane come il collier a "tubogas" di Bulgari, accessorio fondamentale nel portagioielli di una signora. L'equilibrio dell'esposizione stupisce e confonde le visitatrici che arrivano solitamente in piccoli gruppi e, alla fine, complice l'armonia dell'insolito, si accomodano sulle poltrone di design e prendono un aperitivo mentre ammirano l'enorme pianta di avocado piena di frutti che troneggia per 20 metri al centro dell'atelier: si narra che sia spuntata più di quarant'anni fa per caso durante una cena, quando un gruppo di artisti ospiti dell'inquilino Schifano lasciò a terra nel cortile alcuni grossi noccioli. Ora le romane ne possono ammirare i frutti, e più di una ne ha anche fatto un'insalata.

PORTONI, PORTIERI, PORTE

Gli stabili delle zone centrali hanno spesso il portiere che tutto sa ma nulla dice. O quasi, perché le romane comunque sanno come estorcere il piccolo pettegolezzo e ne fanno tesoro. Le immobiliariste hanno un grande antagonista che non sono i colossi bensì i portieri, che svelano alle romane ogni ipotesi di "movimento", soprattutto quando in gioco ci sono le terrazze, merce ambitissima. Sono gli unici che usano il citofono per comunicare chi sta salendo o per portare i pacchi. E quando consegnano l'ennesima scatola di Amazon celano negli occhi un velato dissenso, facendo sentire le romane implicitamente colpevoli di tradire la bottega o la libreria di quartiere (e pensare che loro hanno fatto di tutto per diventare tecnologiche, incassano e fanno buoni propositi di abbandonare il clic liberatorio). Le capitoline dei Parioli non sono pronte allo squillo del citofono dell'amica di passaggio che vuole fare un saluto veloce mentre quelle del centro storico, residenti in un luogo che per elezione e ubicazione è un porto di mare, non si fanno prendere alla sprovvista e rispondono con un gioioso e ospitale: «Certo, sali!» per correre immediatamente a darsi un velo di fard e accendere la macchina del caffè. E non si preoccupano di indossare le scarpe perché in casa sta con le friulane, un po' scarpe un po' pantofole eleganti.

BEAUTY MON AMOUR

Riguardo alle unghie, abbandonata la tendenza French manicure, dimenticata la fugace tendenza delle unghie scure, mai accettata la nail art che «fa molto americana», le signore della capitale stanno optando per il rassicurante rosso Valentino o, ancora meglio, per il nude. I nailbar imperversano in città ma, attenzione, non si tratta solo di manicure con smalto – a meno che le unghie non siano forti e sane – ma di veri e propri trattamenti che raggiungono l'apice con la domanda: «Che olietto mettiamo?». Sì, perché l'olio ammorbidisce le cuticole e la cliente può scegliere la profumazione. Ma non è finita qui, perché a seguire arriva il massaggio della mano che un tempo facevano solo le orientali. La signora finalmente si rilassa per ripartire, una volta saldato il servizio, con le sue commissioni. In realtà, appena uscita dalla manicure le dita non sono mai sciolte nei movimenti e la presa viene gestita dai polpastrelli tipo palmipide per almeno mezz'ora al fine di non rovinare lo smalto che, non voglia il Cielo, potrebbe non essersi completamente asciugato.

E poi ci sono coloro che incorniciano lo sguardo. Le romane, durante la pandemia con le mascherine che lasciavano visibili soltanto gli occhi, hanno dedicato più attenzione alle sopracciglia, "accessorio" di seduzione e di personalità. Le capitoline si scambiano gli indirizzi delle esperte più cool. Sussurrano per esempio di quella iraniana Shidek (presso "A casa di Barbara") che le disegna come un'opera d'arte, in punta di filo, e piace perché analizza e riposiziona le asimmetrie naturali, se necessario anche con un tatuaggio impercettibile. Le romane desiderose di un trucco permanente vanno da Toni Belfatto che si è formato anche in Brasile, culla della chirurgia estetica grazie a Pitanguy. Le più pratiche prenotano una seduta nel Brow Bar di Sephora per un ritocco della forma e del colore.

I PARRUCCHIERI "GURU"

Le romane si dividono in tribù tricologiche ben definite in base al proprio parrucchiere guru, il professionista al quale affidarsi anche solo tre volte l'anno e al quale saranno comunque infedeli nonostante l'affetto, perché hanno bisogno di provare il brivido della "prima volta". Per la signora di Roma il parrucchiere veste i panni del consulente d'immagine ma soprattutto dell'esperto di psicologia (spicciola). A lui raccontano con voce sommessa – anche per non far ascoltare alla vicina – fatti personali che non vengono spifferati nemmeno all'amica del cuore, e tra un taglio e una piega d'autore il *confessore* dispensa consigli molto spesso saggi, con la speranza che non si trasformi in un novello Truman Capote (comunque il pettegolo più chic, più letterato e più invitato degli anni Sessanta).

A piazza di Spagna, al secondo piano di uno stabile che affaccia su uno dei luoghi più amati al mondo, troviamo il salone da parrucchiere di Carlo Pinca. Sì, un tempo si chiamavano saloni e lui è rimasto il galantuomo di quel periodo. All'inizio il successo è partito dalle acconciature che immortalavano i grandi fotografi di moda come Gian Paolo Barbieri o Helmut Newton. Le capitoline attente hanno iniziato a prendere appuntamento, e il passaparola non le ha mai smentite. «La romana di oggi si è un po' impigrita. Sono tutte di corsa e spostarsi a volte fa fatica. È un gran peccato, Roma è sempre bella da tutte le sue angolazioni.» Un sistema di specchi inclinati gli permette di sovrintendere tutte le postazioni delle sue clienti.

Il concetto di salone da parrucchiere viene stravolto da Roberto D'Antonio. Lì è un salotto dove si alternano donne della politica, del jet set e attrici. Se Pinca è allergico ai social, la stessa cosa non si può dire per Roberto, che racconta su Instagram i suoi incontri più eclatanti. Mimmo Laserra ha invece installato il suo salone a Palazzo Taverna, dove le signore vengono accolte dallo zampillìo dell'iconica fontana del più evocativo dei palazzi romani, creando un cortocircuito con l'eccentricità spettacolare di clienti come Achille Lauro. E poi c'è Minette (meglio non chiedere il significato goliardico del nome) di Adamo e Piero che, oltre a essere bravi il primo per il colore e il secondo per il taglio, riescono a creare nel loro salone al Flaminio un'atmosfera allegra con musica alta e tante conversazioni. Federico Fashion Style può imperversare in TV, ma non è pervenuto nell'indirizzario delle romane.

Vade retro "Asian trend". Dopo l'innamoramento folle per la piega *fast and furious* a 9,90 euro – le più meticolose la accettavano, a patto di portare lo shampoo da casa per il quale non si bada a spese –, le romane hanno deciso di premiare i piccoli parrucchieri di quartiere dove si va anche senza appuntamento per una piega al volo e low cost, vedi Garbo in via Locchi che riceve le romane di Roma Nord. Vanno tutte, soprattutto bionde, raramente brune, che non accettano il taglio corto perché è come una sconfitta e una resa all'età (senza comprendere che, a volte, dona).

L'ultima frontiera del fai da te in fatto di testa sono i prodotti su misura creati da Sephora in base al tipo di capelli e frequenza di lavaggio. "Shampoora" è diventato un argomento di conversazione. Arriva a casa un kit personalizzato di tre flaconcini bianchi (shampoo, *conditioner* e profumo per capelli) su cui campeggia il nome della destinataria. Un'attenzione per chi non ama andare dal parrucchiere, e un regalo per un'amica pigra.

Durante il lockdown, le romane che per passare la tintura sui capelli hanno "schiavizzato" persino i mariti – ricambiando il favore con un taglio di capelli *home made*, per cui il malcapitato alla fine commentava: «Pensavo peggio» –, sono eternamente grate al proprio parrucchiere di fiducia che le ha rifornite a domicilio del loro prodotto di eterna giovinezza. Non hanno cambiato idea nemmeno in questo frangente: ammirano il "sale e pepe" di Benedetta Barzini o delle coraggiose intellettuali, ma hanno mille resistenze quando si tratta di decidere di abbandonare definitivamente la strada dei colori "scacciacanizie".

LA CORAZZATA DEGLI HOTEL

Roma, si sa, è una meta turistica, politica e di affari gettonatissima in tutte le stagioni e da tutto il mondo. Un atout che "ricade" costantemente sulle capitoline che non possono permettersi il lusso di farsi trovare impreparate quando amici e conoscenti che vivono altrove le interpellano per avere l'indirizzo giusto. Ristorante o hotel, da loro si pretende il massimo della preparazione, abbinata alla conoscenza psicologica e di costume, proprio perché le viene riconosciuta una competenza cosmopolita. Chi arriva da fuori si può ritenere fortunato se ha nell'agenda il contatto di una residente dell'Urbe: è lei che ha le chiavi per entrare in un territorio che obiettivamente contiene tante città (per estensione e contenuti), dunque non è affatto banale scegliere dove alloggiare o dove sfamarsi.

Per riassumere, alla romana sono richieste: la conoscenza della topografia e della mobilità pubblica, la mappa degli ingorghi, il DNA dei diversi quartieri. Il suo consiglio per tutti è comunque di vivere Roma a piedi perché ogni alzata di sguardo è un monumento che entra nello spazio visivo e nel cuore.

Le romane, recepita la richiesta di aiuto, passano subito allo *screening* (interessi, carattere e portafoglio) prima di esprimersi. In questa attività sono medaglie d'oro. Conoscono sia gli hotel di rango, quelli che possono vantare un passato glorioso rafforzato dal piglio classico, sia le new entry dell'accoglienza, quelle venute su a colpi di marketing e di social. I cinque stelle sulla ribalta negli ultimi tempi sono ormai delle piccole metropoli, organismi autosufficienti dove soddisfare i propri desideri, e la piscina sul *roof* è la normalità. Roma sarà pure eterna ma continua a profumare di futuro, vista la quantità di tagli del nastro, inaugurazioni, restyling da condividere. Un'eccitazione per le cittadine che va ad aggiungersi a quella per le preview d'arte. Proprio di fronte alla vasta e variegata offerta, le risposte vengono ragionate *ad personam*. Va detto che le romane ben educate, dopo aver dispensato consigli tagliati su misura, non dimenticano mai di organizzare per l'ospite "foresto" una cena conviviale a conferma di essere anche maestre dell'accoglienza.

Altra informazione utile: non si limitano allo sfoggio di una conoscenza approfondita degli indirizzi dell'*hôtellerie* locale. Negli ultimi anni, hanno sviluppato infatti l'abitudine di vivere gli hotel di lusso – quattro stelle in rari casi, solo quando sono di forte personalità, come l'Hoxton dove noi stesse abbiamo scritto una buona parte di questo libro tra una tisana allo zenzero e un toast, e a fine giornata anche uno Spritz – facendone un'estensione del proprio ambito domestico. Quella che una volta era una prerogativa del mondo anglosassone (la letteratura è piena di esempi, da Agatha Christie che si era stabilita all'Old Cataract Hotel di Assuan a James Joyce al Victoria di Trieste, fino a Ernest Hemingway all'Ambos Mundos dell'Avana vecchia) ora è una consuetudine. Le romane ormai conoscono le "delizie" custodite al di là della porta girevole, e allora scelgono di godersi, libere dall'obbligo di dimora, tutte le opportunità che offre questo mondo patinato. Negli hotel capitolini di alta gamma entrano spesso e volentieri per la presentazione di un libro, un'asta di vini, un vernissage, un salto in palestra o un appuntamento in spa, una lezione di yoga, un *trunk show* di moda, o un evento privato. Le romane varcano con lo stesso spirito di intraprendenza i portoni dorati custoditi dalle livree con tuba, sapendo che un buon hotel può dare grandi soddisfazioni, basta volerlo. Con un occhio di riguardo agli alberghi gourmet dove concedersi uno sfizio griffato in compagnia.

SUITE ROMANA

L'Hotel de Russie ha il fascino nel nome, è l'albergo dove soggiornavano gli zar e gli artisti russi di passaggio da Roma. Un luogo magico per la posizione alle pendici del Pincio con oasi di farfalle e la scala convergente verso il giardino disegnato dal Valadier ancora oggi fotografatissima e considerata la "porta del paradiso". Le più informate e con qualche primavera alle spalle andavano a dormire con l'immagine dei trombettisti come fossero angeli a lato di questi gradini sinuosi e iconografici, entrati nel tormentone del *Carosello* TV, quando le pubblicità erano concentrate prima del varietà o degli "sceneggiati" (nell'interregno tra un'insegna dell'hôtellerie e l'altra, il de Russie è stato anche sede degli uffici Rai). Il giardino segreto, da conquistare salendo una doppia scala monumentale accanto alla sala da pranzo, è garanzia di glamour in ogni stagione. La piazzetta sottostante intitolata al famoso progettista del Settecento fa da sfondo a matrimoni e cocktail. Non c'è romana che abbia resistito alla tentazione di invitare o di farsi invitare qui, in un contesto neoclassico dove i cocktail del bar Stravinskij sono diventati argomento di conversazione (vedi le noci glassate e le chips viola) e di vanto. Le capitoline, mischiate a turisti internazionali, negli ultimi tempi lo hanno "scoperto" anche per un piacevole tè accompagnato da biscottini secchi, e le borse di Hermès (vere o d'imitazione? Il risultato comunque è di sicuro effetto) sono un accessorio quasi obbligatorio. Ancora meglio se colorate, e con annessi i due foulard d'ordinanza arrotolati attorno ai manici. Tutto qui profuma di Roma.

Idem all'hotel Hassler, che appare alle romane come un rifugio dove recuperare energie e bellezza (senza interferenze), lasciandosi alle spalle il trambusto compulsivo di Trinità de' Monti. Turisti, taxi, ombrelli e ombrellini, artisti di strada, furgoni e minivan. Stop, riavvolgere il nastro. Magari nel Palm court, il giardino gioia per gli occhi, con la parete interamente ricoperta dai rampicanti, i dettagli della classicità romana incastonati come pietre preziose e un lato interamente e trionfalmente occupato da uno strabiliante bancone bar dalle curve Art Déco. La sera, illuminato, è l'ideale per le romane a caccia di atmosfere soft. Nelle giornate più fredde c'è sempre il Salone Eva, da frequentare per il rito del tè con i pasticcini, e il dopo teatro, oppure quando si è in vena di romanticherie. Le capitoline intenzionate a festeggiare, invece, salgono all'ultimo piano dopo aver prenotato un tavolo accanto alla vetrata del ristorante stellato, dove sanno di poter giocare a «Indovina la cupola di Roma».

Davanti alla statua di Pasquino nel rione Parione, le romane si spendono invece le carte dell'arte, del design e dell'inatteso quando (si) suggeriscono un salto al G-Rough; sottotitolato con ironia "Questa casa non è un albergo", "citofonare" agli artefici Gabriele e Guendalina Salini. Cinque piani per dieci suite in una palazzina seicentesca che si affaccia sulla cupola di Sant'Agnese di piazza Navona. Lo chiamano "lusso sommesso": il restauro completato, dopo un esaltante *demolition party*, è un omaggio al più bel design italiano dagli anni Trenta ai Settanta e all'arte contemporanea. Le romane internazionali, vestite vagamente "alternative", lo consigliano con forza. Sulla facciata, l'iscrizione latina «SATIS AMPLA QUAE SECURITATE RIDEAT» (Abbastanza ampia da infondere sicurezza). E la capitolina di fronte al latino in cuor suo gongola. Il *rough luxury* proposto da G-Rough si declina anche nelle raffinate biancherie del dirimpettaio Society (vedi paragrafo a pag. 133) che "veste" letti, tavole e bagni: con lenzuola e tovaglie di lino, e spugne e lini morbidi per il corredo da bagno.

Waldorf Astoria Cavalieri Hilton è invece l'indirizzo per gli amici delle romane che vogliono stare lontani dalla folla, dai palazzi istituzionali e dai monumenti. Basta pronunciare il nome di questo cinque stelle e la capitolina *bonne vivante* e facoltosa pensa subito a La Pergola e a Heinz Beck, lo chef di origini tedesche con tre stelle Michelin nel curriculum che ti apparecchia un'esperienza dei sensi unica. Non ha importanza se il conto è corposo, perché se la romana vuole avere bei ricordi, include anche il palato. Per non parlare della cantina, che può contare su una dotazione record di 64.000 bottiglie di altissimo livello. Il tutto con la complicità del panorama di Roma filtrato dalle vetrate dell'ultimo piano dell'hotel che si sfoglia come un museo: la collezione d'arte a beneficio di tutti i frequentatori include un dipinto del Tiepolo, arazzi Beauvais e vetri preziosi di Émile Gallé.

Un'altra ottima scusa per varcare l'ingresso è una seduta rigenerante nella spa, oppure un tuffo ritemprante sotto tutti i punti di vista nella piscina con vista, quando il caldo di Roma si fa violento. Tra una bracciata e l'altra si rischia di incontrare le *celebrities*. Molte signore della Balduina hanno ben imparato questa regola, e con la scusa della palestra – dove ci sono splendidi armadietti e accappatoi in dotazione – ne approfittano per fare del buono e sano *vip watching*.

Piscina e privacy campeggiano anche nel giardino del Gran Meliá Villa Agrippina, a due passi da San Pietro e l'Isola Tiberina, dove le romane si danno appuntamento al tramonto per godersi i servizi del salotto bar Amaro, dove si può chiedere al barman di "confezionare" uno o più drink di Pomada, la bevanda di Minorca che fa sentire subito il sapore della vacanza.

Un altro indirizzo che viene condiviso con una punta di orgoglio d'appartenenza, come accade per Piazza di Spagna 9, consigliato a mani basse perché ospita una galleria d'arte e una vista su piazza di Spagna mozzafiato. Dal terzo piano del palazzo romano, le finestre inquadrano perfettamente le palme che hanno fatto la storia di questo luogo. Un effetto cartolina che si ripropone al Celio, vissuto dalle romane come una sorta di viaggio affascinante alla corte di "sua maestà" il Colosseo. Oltre all'interessante esperienza estetico-gastronomica del Caffè Propaganda, l'attenzione si concentra sul romantico cinque stelle Palazzo Manfredi, con il ristorante Aroma all'ultimo piano nella terrazza affacciata sull'Anfiteatro Flavio. Una manna per le influencer capitoline che scattano e postano a ogni respiro.

TERRAZZE, MAGNIFICA ABITUDINE

Non solo turismo internazionale. Le romane si sono riappropriate da tempo della dolce vita all'ultimo piano degli hotel di lusso. Socialità con vista. È il valzer delle terrazze. Eccetto pochi giorni l'anno, sono un successo sicuro i "dehors pensili" affacciati (per loro, e nostra, fortuna) sulle bellezze della Capitale. L'appuntamento con l'ottobrata romana si onora volentieri con un pranzo o un aperitivo a tu per tu con il cielo della Città Eterna, sulle terrazze gourmet dove è di casa la sindrome di Stendhal, quel capogiro da troppa emozione davanti ai capolavori dell'arte. Un inciso: lo spaccato che ha dato il premio Oscar a Sorrentino sulle terrazze romane oziose e supponenti non ha minimamente offeso le capitoline intelligenti, quelle munite di autoironia, che anche in questo caso hanno saputo leggere tra le righe il privilegio di una città senza eguali. Quale metropoli non ha dato i natali a un Jep Gambardella?

Le terrazze degli hotel, dicevamo, hanno portato a un cambio sostanziale nelle abitudini e negli stili di vita delle romane, che si sono magari avvicinate a queste location una volta percepite come esclusive, o comunque prerogativa per ospiti in arrivo da altri Paesi. E allora, senza inibizioni, eccole raggiungere il settimo piano del Sofitel di via Lombardia dove c'è un ristorante di cucina romana contemporanea, Settimo, con un design eclettico. Da qui lo sguardo può spaziare sulla vicina Villa Medici fino al Cupolone, persino dalla postazione delle cucine.

A poche centinaia di metri, un altro tuffo nella meraviglia con la panoramica Adèle Mixology Lounge all'ultimo piano dell'Hotel Splendide Royal, ancora più in alto del ristorante Mirabelle, una vista spettacolare a 360 gradi. Si racconta che un cliente, ammutolito dal panorama, abbia aspettato seduto in ammirazione che terminasse lo spettacolo del tramonto sui tetti e sulle cupole, prima di "risvegliarsi" dall'estasi e ordinare un aperitivo. Le romane amano da sempre e molto la terrazza dell'Hotel Eden, soprattutto ora nella versione 2.0 che ha migliorato le prospettive interne ed esterne.

Al quinto piano del Palazzo Rhinoceros al Circo Massimo, la vista libera dall'interferenza delle antenne che affollano la cima dei palazzi è una vera emozione per quelle che cominciano ad affollare anche l'ultimo piano del W Rome in via Liguria: qui sul tetto è spuntata una piscina in stile Marrakesh. Un set perfetto.

SPRITZ E DINTORNI

La geografia dei cocktail bar romani è in continuo movimento, e non dipende soltanto dalla bravura dei barman in circolazione sui sette colli. Contribuiscono al successo del rito aperitivo anche la location (Roma è una miniera di fondali), la regia (come nelle migliori produzioni) e il passaparola. Le capitoline, diventate esperte nel miscelare e shakerare, cercano il valore aggiunto al bicchiere di Mojito, di vino bianco o di Martini; in altre parole cercano l'intrattenimento, totale.

Al St. Regis sono di casa soprattutto quante fanno parte della community della Galleria Continua, che ha avuto l'intuizione geniale di impiantare il quartier generale della Capitale negli appartamenti una volta pied-à terre dell'Avvocato. E di affidare a due giovani preparate come Veronica Siciliani Fendi e Cecilia Pecorelli direzione dello spazio e curatele. A ogni vernissage scatta l'aperitivo firmato Lumen Bar, poi diventato per molte la "postazione del cuore". Il motivo: si può bere un ottimo drink tra le opere d'arte degli artisti internazionali più cool, vedi Ai Weiwei e Pascale-Marthine Tayou. Le più informate sanno che, a un'ora prestabilita della sera, il via libera al drink viene scandito dal *sabrage*, il rito dell'apertura della bottiglia pregiata con una sciabolata che fa scattare applausi e allegria. Una citazione al rituale consolidato da Napoleone Bonaparte sul campo di battaglia: «Champagne: nella vittoria è un merito, nella sconfitta una necessità». E così è stato: durante il lockdown del 2020 il St. Regis, non lontano da Termini, lasciava aiuti concreti per i più bisognosi appena fuori dal suo maestoso ingresso attraversato nel passato dalle star de *La dolce vita* (Liz Taylor e Richard Burton, per esempio, che dopo il set di Cinecittà si affidavano alle "cure" del leggendario barman Mauro Lotti).

LOCARNO NON È SOLO IN SVIZZERA

A due passi da piazza del Popolo c'è un hotel che sa essere cosmopolita e appartato allo stesso tempo, romano e internazionale con la medesima intensità. L'Hotel Locarno avrebbe potuto ma non si è montato la testa. Dagli anni Venti meta di intellettuali e artisti – resta il loro covo preferito, perché sanno che il clamore non abita qui –, ha mantenuto *l'ésprit du temp* aggiornando qualche dettaglio qui e là che lo fa apparire contemporaneo, ma non troppo. L'hotel di via della Penna è un posto speciale. La romana Isabella Rossellini è uno di quegli ospiti che vanno lontano e poi tornano per abitare le stanze con il sapore rétro, e lo considerano un privilegio invidiando le concittadine che hanno a portata di mano il bar liberty con salotto, il giardino con le felci, le terrazze con vista sui tetti del Tridente (lo sguardo che può arrivare fino al Pincio). Le capitoline con amici cosmopoliti e raffinati consigliano loro di soggiornare qui, dove il tempo sembra essersi fermato, nel bene e nel male, e dove più che la spa (non è prevista) contano l'atmosfera e il "sentirsi a casa". Prima del restauro, la granitica *owner* Caterina Valente ha dato carta bianca a due artisti italiani di stanza a Berlino, Nicola Pellegrini e Ottonella Mocellin. Al *demolition party* era tutto un rincorrersi di ospiti fra le stanze disallestite, appunto, ad arte, con i telefoni che squillavano per raccontare le storie vissute dagli ospiti eccentrici di questo fascinoso albergo. Indimenticabile. Per le romane il Locarno va bene a ogni ora e in ogni stagione. Si concedono un tè servito davanti al camino acceso con la clessidra (perché ogni infusione vuole il suo tempo) e i dolci fatti in casa oppure un cocktail vintage come il Roma Bracciano, ordinato in primavera sotto il glicine profumato che incornicia il cancello trasformandolo in palcoscenico. L'aggettivo in questo caso è uno solo: adorabile.

NIDO VUOTO? PRO E CONTRO

Quando si avvicina l'importante traguardo del diploma di maturità dei pargoli, con un anticipo che è andato via via dilatandosi (si comincia a pianificare almeno all'inizio del penultimo anno della scuola superiore), le romane entrano in fibrillazione, sviluppando una punta molto diffusa di panico unita a un sentimento di esaltazione, per la scelta dell'università ideale. Una volta presa la decisione (fatale e irresistibile) per l'ateneo straniero, le più scrupolose e ambiziose si rivolgono a un gruppo di capitoline che ha trasformato il proprio lavoro di ricerca in una professione. Affidano a loro speranze genitoriali e personali, talenti filiali, aspirazioni familiari per individuare la migliore collocazione e avere un supporto nella compilazione delle *applications*. A questo punto per le mamme di maturandi si aprono due strade: in fondo alla prima c'è un possibile incontro con la sindrome del "nido vuoto", l'altra invece è definita dall'eccitazione legata al doversi organizzare per raggiungere i figlioli e occuparsi di arredare la casa, riempire il frigo e monitorare la situazione. Con la soddisfazione – neppure troppo velata – per i futuri weekend di shopping e ristoranti nelle città universitarie, Parigi, Londra, Berlino, Barcellona, Madrid. Qualcuna oltreoceano. Un bellissimo diversivo. Anche Milano è ovviamente nella *wish list*, ottimo per le romane il "gancio" del Salone del Mobile: poter avere un punto di appoggio sotto il Duomo nella prima cerchia cittadina, non ha prezzo («Vado, ho casa...»).

ATTRAZIONE FLOREALE

Tokyo insegna: la leggendaria fioritura dei *sakura* sulle sponde del fiume, che richiama visitatori da tutto il mondo, riconoscibili per gli occhi sgranati su un fenomeno naturale così meraviglioso, non è una ricorrenza di quelle che si possono segnare in agenda da un anno all'altro. Godere della fioritura dei ciliegi giapponesi è infatti una questione di tenacia e di calcolo, a tutte le latitudini. Se non si vuole rischiare di acquistare un biglietto per Tokyo e scoprire poi di essere arrivati o troppo presto o troppo tardi, si può optare per la versione capitolina del rito. Dove il rischio è a costo zero.

Basta sintonizzarsi sul passaparola, è il consiglio per le romane che aspirano a partecipare alla cerimonia Hanami al Laghetto dell'Eur. Sui social gli aggiornamenti scorrono in tempo reale. Le corolle vengono messe sotto osservazione in anticipo, e soltanto quando sono veramente pronte a sprigionare tutta la loro effimera bellezza viene dato il via libera. Ogni cosa deve essere perfetta e sincronizzata per la Festa della fioritura, anche i teli per il picnic filonipponico, rigorosamente di plastica azzurra. Le romane, anno dopo anno, si danno appuntamento sui social per condividere lo spettacolo e stendersi sotto il ciliegio preferito, magari dopo aver indossato un kimono originale acquistato nella boutique giapponese di riferimento in via dei Banchi Vecchi. Un *happening*.

«DAL RITO DELL'HANAMI ALLE VISITE GUIDATE DEL ROSETO COMUNALE: LE FIORITURE DI PRIMAVERA SONO PER LE ROMANE UN APPUNTAMENTO IRRINUNCIABILE.»

ROSAE ROSARUM ROSIS

Altro giro, altri fiori. In questo caso si tratta proprio della regina; una volta sgomberato il campo dalle facili romanticherie abbinate da sempre al fiore più celebrato da artisti, poeti, menestrelli e dintorni, il Roseto comunale resta per le capitoline uno dei luoghi più incantevoli e interessanti della città, e di cui andare fiere. Il Circo Massimo è a un passo, il Foro Boario e l'Aventino pure. La posizione, dunque, è strategica per intraprendere una passeggiata a piedi che può dare molte soddisfazioni. Dato che si trova inserito in un'area archeologica ad alto potenziale turistico, le romane lo raggiungono pronte a dribblare eventuali comitive straniere, perché sanno che è un appuntamento irrinunciabile quanto passeggero, per la serie «Cogli l'attimo!». Scatta a ogni vigilia di fioritura la gara per prenotare la visita guidata con il giardiniere capo, che le renderà erudite sulla storia del Roseto e delle singole specie, e sul Premio Roma, istituito negli anni Trenta e secondo per costituzione soltanto a Bagatelle, vicino a Parigi (ma per il prestigio della location primo in classifica senza rivali). Il roseto comunale è un'oasi che regala alle romane momenti di tranquillità e di pace estetica, evitando con cura la calca del fine settimana e in cui perdersi tra i pensieri nell'iconico camminamento ovale con vista sulla cupola di San Pietro, una galleria di rampicanti dove si alternano le diverse specie di rose, più di mille e duecento insieme alle "sorelle" che sbocciano nei cespugli disseminati nel clivo. Procedono in salita, e a ogni sosta — provvidenziale per tirare il fiato e bere un sorso dall'inseparabile borraccia — scattano una foto cartolina (la romana il selfie lo lascia alle teenager o ai turisti) sulla Casa di Augusto e il Palatino, arrivando con lo sguardo, e con l'obiettivo, fino al Campidoglio. Ambitissima la panchina per gli innamorati alla Peynet, incorniciata da un cuore di corolle naturali e colorate. Le romane *habitué* calibrano il giro immaginando già di abbandonare la quiete del Roseto dall'uscita secondaria che conduce direttamente al vicino Parco degli Aranci. Rilassante e riconciliante, con una vista che il mondo invidia. Talvolta risuonano le note di un poetico violinista che rimandano con la mente al Parco Güell di Barcellona o all'arco trionfale che serve da cassa acustica nella piazza antistante l'Hermitage. Si sa che le romane, pur consapevoli di vivere nella città più bella del mondo, amano viaggiare e apprezzano i collegamenti geoculturali, complimentandosi con loro stesse (in silenzio, ma non sempre) quando trovano il sillogismo.

A proposito di rose, c'è una community di romane che si dichiara seguace di Nicoletta Campanella, esperta di *green* e divulgatrice del patrimonio botanico italiano. Ogni nuova edizione della sua *Agenda della Giardiniera*, dedicata ai "pollici verdi" e agli aspiranti tali, è considerata un evento, e si celebra se possibile nell'Aranciera dell'Orto Botanico, al centro del "museo vivente" diretto da Fabio Attorre.

FLORACULT AI CASALI DEL PINO

Il ponte del 25 aprile è di solito la data scelta dalle romane per aprire le case al mare o per visitare altre capitali europee. Chi resta in città però non si perde d'animo, perché è cosciente che esiste una valida alternativa che risponde al nome di FloraCult. Per tre giorni lunghe code di auto sfidano il traffico del Grande Raccordo Anulare e della Cassia per raggiungere il regno di Ilaria Venturini Fendi, dove va in scena una mostra-mercato esemplare del filone green-chic. I Casali del Pino, immersi nel Parco di Veio, sono un'azienda agricola biologica nata nel 2004 dalla rivoluzione di uno stile di vita: l'interesse per la moda diventa etico con il brand Carmina Campus (lo showroom è in via Fontanella Borghese sotto l'insegna RE(f) USE), e la padrona di casa si dichiara coltivatrice orgogliosa della sua nuova creatura campestre. La campagna, che circonda stalle ed edifici rurali restaurati (anche con un tocco high tech), riflette la bellezza ricercata dai pittori del Grand Tour, Goethe in testa. Le romane si buttano a capofitto tra le balle di fieno e gli allestimenti di artisti, creativi, produttori di rose raffinate (ancora!), architetti e designer di soluzioni ecosostenibili. FloraCult è una passerella sostenibile dove ammirare e farsi ammirare, mescolandosi a esperti del settore, all'aristocrazia e all'alta borghesia capitolina che affolla soprattutto il brunch dell'*opening*.

TI PORTO NELL'ORTO

Le romane amano l'Orto Botanico universitario della Galleria Corsini alla Lungara, che risale al 1883. Per le residenti del rione Parione è l'unico "polmone verde" a portata di mano, e infatti il Comune viene incontro alle residenti che hanno scelto di vivere tra i vicoli del Barocco con una tariffa ridotta. La sua bellezza rimasta intatta deve tutto alla sua posizione difficilmente raggiungibile in auto, pertanto solo le più motivate e "sportive" possono viverlo appieno e considerarlo il proprio "giardinetto". In verità un Orto Botanico esisteva già da molto tempo, rinchiuso nella cinta muraria della Città Vaticana con papa Nicolò III che, nel XIII secolo, fece allestire un *pomerium* o verziere. Solo più tardi quest'orto venne organizzato in maniera organica con la coltivazione delle piante medicinali, dette "semplici". Le mamme e le nonne romane al pomeriggio amano portare i loro pargoli in un giardino ordinato e selettivo subito dopo il riposino. Le serre meritano una visita anche senza piccoli al seguito. Le fioriture del giardino giapponese sono diventate un cult, insieme ai picnic che il direttore ha introdotto come novità.

NON È L'OLANDA

Le romane che non hanno il pollice verde, ma vogliono avere il brivido del fiore appena colto con le proprie mani, una volta all'anno colgono la novità dei grandi prati fioriti del TuliPark. Un giardino che riaccende la memoria dei viaggi in Olanda – per rafforzare il concetto ci sono anche il mulino a vento, uno zoccolo gigante e una mucca frisona in vetroresina, per un effetto un po' da lunapark botanico – e per questa emozione sono disposte anche a spostarsi in periferia. All'ingresso una guida spiega il percorso e come raccogliere i fiori lasciando il bulbo: armate di secchiello e a mani nude, le romane affrontano il tappeto di tulipani, settantacinque varietà colorate, che colgono con il metodo *you-pick* per creare il proprio mazzo (in realtà tre tulipani a biglietto) e sentirsi per un giorno la "bella olandesina". E, una volta arrivate a casa, *instagrammano* ovviamente il raccolto come se fosse un trofeo.

PIQUENIQUE

A proposito di picnic – un vocabolo con suono anglosassone, ma di matrice francese (*piquenique*) che evoca atmosfere da *Déjeuner sur l'herbe* di Claude Monet –, le romane non si tirano più indietro dinanzi all'invito di stendere un telo sull'erba e di apparecchiare uno spuntino. Liberate dall'immagine della gita del primo maggio in stile neorealista preboom economico, che faceva piccolo borghese – l'iconografia cinematografica è piena di immagini, basti pensare ad Alberto Sordi in canottiera che sfodera il tavolino e l'abbacchio a bordo strada –, le capitoline hanno imparato a coltivare il rito aiutate anche da una serie di specialisti del *food green* che strizza comunque l'occhio allo chic. Mentre a Villa Borghese regna il fai da te, a Villa Doria Pamphili, per esempio, il Vivi Bistrot ha creato attorno a sé una comunità di *piqueniquers* capitoline che non vedono l'ora di ordinare il kit salutista e gratificante per gli occhi (i propri, e di chi le guarda e pensando ai quadri del Grand Tour), perse negli spazi immensi di Villa Pamphili. Le due imprenditrici Daniela Gazzini e Cristina Cattaneo (Roma e Milano quando decidono di collaborare) hanno restaurato infatti un ex rudere, diventato poi il primo della collezione di locali di cucina sana e sostenibile in location iconiche: dalla terrazza della Rinascente Tritone a Palazzo Braschi in piazza Navona fino a Le Serre novecentesche di una tenuta storica sulle colline di Monte Mario. È un indirizzo molto gettonato dalle romane di Roma Nord quando vogliono svagarsi e stare con le amiche in un'atmosfera di vacanza e di colori.

Le tovaglie a quadri e le ceste esplodono al primo sole e non importa che sia piena primavera. Le grigliate? Non si registrano *performance* degne di nota.

L'ESCLUSIVA "DIVINITÀ" LEGATA ALLA NATURA: NINFA

Le romane aspettano ogni primavera le date per andare finalmente a godere della bellezza dei giardini all'inglese di Ninfa, consapevoli della meraviglia a portata di pochi chilometri (appena sessanta) in direzione sud. Questo luo-

go "delle delizie", creato nel XVI secolo dal cardinale Nicola Caetani, amante della botanica, fa parlare di sé in tutto il pianeta; il "New York Times" lo ha definito «il più bel giardino del mondo». La sua fortuna è nell'"assemblaggio" armonico tra una rocca medievale, la varietà di agrumi (fra cui il *Citrus limon cajetani*), i famosissimi glicini che valgono il viaggio, i laghetti e i ponti, i ruderi di antichi monasteri, i boschetti e le viuzze, le cascatelle e le candide calle che sembrano annunciare a ogni respiro l'apparizione di una ninfa, da cui appunto il nome della desideratissima meta. Dopo aver prenotato il biglietto, le capitoline, decise a condividere con la propria metà — chissà a quante promesse di matrimonio avrà assistito il giardino! — o con la famiglia lo spettacolo della natura che rinasce, si immergono negli otto ettari di una flora di rara bellezza, un luogo così privilegiato che implicitamente suggerisce alla romana un abbigliamento bucolico-chic, per non stonare con lo spettacolo circostante.

ESSERE INTERNAZIONALI H24 (E 7 GIORNI SU 7)

Sir Antonio Pappano, britannico con cittadinanza italiana, direttore musicale dell'Accademia Nazionale di Santa Cecilia (dal 2005), maestro di grande fama che ha viaggiato parecchio, è adorato dalle musicofile internazionali: ogni sua apparizione sul podio dell'Auditorium Parco della Musica materializza uno stuolo di romane, disposte a seguirlo in tutto il mondo per assistere ai suoi concerti. Un "fan club" che riconoscerebbe la sua giacca alla coreana ovunque. Ebbene: ci risulta che Pappano abbia affermato che «la vera città internazionale è Roma, dove c'è un reale *melting pot*». Sulla stessa lunghezza d'onda è l'architetto e urbanista Stefano Boeri, autore a Milano del Bosco Verticale (edificio sintesi tra architettura e natura): «Roma contiene in sé il mondo intero, gioca insomma un altro campionato tra le metropoli».

Nella vita pratica si può interpretare anche così: quando vai a cena nelle altre città sai già chi potrai incontrare, le romane invece quando invitano sono imprevedibili e foriere di incontri costruttivi e insospettabili. Il parterre "monotematico" non le convince, anche perché: «Abbiamo ambasciate,

Vaticano e accademie straniere, con artisti che arrivano quotidianamente da tutto il mondo», riflette a voce alta Federica Tittarelli Cerasi, collezionista e mecenate con grande capacità di aggregazione.

Le romane più allenate tengono d'occhio, con la stessa curiosità, il Grand Tour degli artisti, dei musicisti e dei registi che si riversano nella Capitale insieme agli attori hollywoodiani, e non solo per motivi professionali. Li osservano compiaciute ma senza strepiti, abituate a questi avvistamenti continui (perfino Lady Gaga sul set, dopo tre giorni di giusta curiosità, era diventata una di noi), mentre si precipitano al Colosseo oppure alla Cappella Sistina dove è d'obbligo una foto con il clavigero vaticano Gianni Crea da postare sui social. E sanno di poterli incontrare all'Antica Pesa, storico ristorante di Trastevere avvezzo alle celebrità, dove transitano da Russell Crowe a Charlize Theron. In piazza di Spagna, nella libreria della settecentesca Keats-Shelley House, può capitare che Julian Sands (l'attore britannico di *Camera con vista*) un sabato pomeriggio legga, per un parterre di romantiche letterate, le antologie dei poeti John Keats e Percy Bysshe Shelley.

SOHO HOUSE

Il nuovo brillante all'anello delle romane più creative si chiama Soho House. L'edificio dall'aspetto vagamente anonimo – non ci sono insegne né targhe, solo una quantità di finestre e balconi, e si fatica a trovare l'ingresso principale, nuova frontiera dello snobismo – brilla di luce propria in quel di San Lorenzo, quartiere della street art applicata anche alla nuova edilizia, tra il cimitero monumentale del Verano, le botteghe dei marmisti, e la città universitaria della Sapienza. È subito diventato l'oggetto del desiderio di coloro che aspirano a una *membership* dal sapore cosmopolita, con un pizzico di *revanche* sugli altri centri urbani visto che il fondatore britannico ha scelto Roma come prima città italiana da inserire nel circuito internazionale di residenze, che conta su metropoli iconiche come Londra Parigi, New York, Miami, Istanbul ecc.

Le romane, quelle che sono state accettate dal *board* perché portano in dote alla "comunità Soho" la quantità richiesta di estro e capacità di "fare rete", si sono subito impossessate della location (che considerano molto più di un club): per loro è uno *state of mind*. Qui mangiano toast all'avocado, invitano amici/amiche per un caffè, lavorano al PC sedute in salotto accanto al camino, vanno in palestra, fanno la crioterapia, tutto in un rincorrersi di «Ciao!» (il «Buongiorno» anche ai ragazzi dello staff è troppo formale e fa *old*, e infatti loro rispondono «Ciao»). Cosa c'è di più rassicurante di ritrovarsi fra "pari" (artiste, designer, stiliste e qualche eccezione) con quel brivido che regala frequentare un quartiere dal consolidato DNA popolare? Era ancora fresca la vernice sulle pareti, e non era ancora stata inaugurata la terrazza panoramica (completa di piscina) all'ultimo piano dell'edificio, dove ora si sono insediate anche le cucine del ristorante Cecconi's, che già da Londra e da New York arrivava il *trunk show* di Marfa Stance, brand firmato da Georgia Dants: tre giorni di anteprima nazionale (che hanno reso fierissime le romane *host*) nell'area del co-working tra dj set, tè e gli allestimenti floreali di Dylan Tripp (altro oggetto del desiderio delle romane con la tendenza al pollice verde e a composizioni di natura morta, ma molto chic). Qui si sente parlare francese e inglese con grande facilità: sono richieste abilità linguistiche oltre che digitali e tecnologiche per interpretare al meglio la app di incontri *in situ*: le romane *sohoniane* possono "abbordare" registi, artisti, scrittori di passaggio nella Capitale e crearsi nuovi link utilissimi. Le giornaliste ovviamente sono nel posto giusto, sebbene siano bandite le foto per salvaguardare la privacy del virtuoso circolo (anche qui le romane fanno rima con le eccezioni).

Abituate (da millenni) a vivere in una città internazionale, le capitoline che hanno fatto l'abitudine anche al rutilante mondo delle ambasciate hanno accolto con sottile piacere questa nuova opportunità di sentirsi connesse a una tribù abituata a essere in "avamposto" e motore di cambiamento (leggi e interpreta come "gentrificazione").

Quelle che hanno divorato la miniserie *Inventing Anna* su Netflix, ammirando e detestando in ugual misura la protagonista e quel suo "chiodo fisso" di voler creare un club ancora più esclusivo della Soho House intesa come status symbol assoluto (lo ripete almeno trenta volte nello script), in cuor loro sanno che nella Capitale il palmarès dei circoli elitari a cui aspirare è molto, ma molto più ampio. Ognuno con una motivazione tutta sua.

CIRCOLARE NEI CIRCOLI

Quando sentono pronunciare la parola "circolo", le romane alzano subito le antenne. È all'interno di questi sodalizi sportivi o istituzionali o, ancora, esclusivi che accadono molte cose piacevoli e di grande resa relazionale. Una fetta interessante della città si concentra infatti nei palazzi monumentali e nelle strutture affacciate sul Tevere, dove si gode una visuale sul fiume e sulla città difficilmente replicabile. I circoli sportivi sono vere istituzioni. Il Canottieri Aniene, famoso per *aplomb* e spirito competitivo, ha prodotto un presidente del Coni e allevato molte atlete nelle diverse discipline, dalla prima socia campionessa di nuoto Luciana Marcellini Hercolani-Gaddi – aveva 12 anni quando partecipò ai Giochi olimpici di Roma del 1960 – a Federica Pellegrini. Questo circolo ospita continuamente eventi letterari nel suo salotto con divani Chesterfield, boiserie e annessa terrazza. E poi il Canottieri Roma, Canottieri Lazio, Tevere Remo, fino all'elegante oasi fluviale degli Affari Esteri, dove sono cresciute generazioni di diplomatiche e mogli di diplomatici che si godono l'elegante tranquillità del parco con la collezione di opere d'arte, sempre pronte a spiccare il volo verso una nuova destinazione di ambasciata. E poi il Parioli, tra il laghetto di Villa Ada e Monte Antenne, tempio del tennis. L'Antico Tiro al Volo di piazza delle Muse piace per la grande piscina che si inaugura d'estate e la vista sulla campagna reatina. Le romane apprezzano anche l'abbraccio dei due club per gentiluomini che si dividono la piazza aristocratica della capitale, il Circolo della Caccia da una parte (nobiltà bianca) e il Circolo degli Scacchi dall'altra (nobiltà nera). In comune, protocollo rigido e saloni che si rincorrono uno dentro l'altro dove far perdere il rumore dei propri passi calcolando la distanza con il mondo esterno.

CASADANTE

Casadante all'Esquilino è un luogo molto particolare e altrettanto aspirazionale. Un po' bar, un po' ristorante ma soprattutto un circolo intellettuale senza obbligo di iscrizione. La romana cosmopolita con vocazione local-alternativa lo ama per diversi motivi: le sembra di stare a Parigi, complice il dirimpettaio Palazzo Dante, ex Palazzo delle Casse di Risparmio Postali inaugurato nel 1912 e restaurato di fresco per diventare sede unitaria dell'Intelligence. Quando si siede a uno dei tavolini, preferibilmente all'aperto se la temperatura lo concede, sa di avere in tasca una probabilità del 90 per cento di trovare seduti accanto a sé intellettuali, registi, attori, scrittori, compositori, artisti accolti dall'*evergreen* Alino (Alessandro Campanozzi), sereno padrone di casa in quanto tutto sa e tutto vede, ma custodisce con discrezione. Una parte consistente del fascino del luogo viene senza dubbio dalle radici "domestiche": prima di diventare un bistrot di categoria internazionale (non scimmiotta, come fanno altri, il format parigino) era un'abitazione privata dove il padrone di casa approfondiva temi esoterici. Ambitissima, per le capitoline che amano lo stile roman-umbertino "corretto" dal pennello contemporaneo e raffinato dell'artista Guendalina Salini, è la sala centrale con il lucernaio che cattura la luce dai vicini giardini: pochi pezzi essenziali come i divani capitonné vintage e i candelabri di peltro, le scatole dei vini accatastate in un ordine (apparentemente) casuale, la scala a pioli pronta all'uso appoggiata al muro creano una scenografia in grado di esaltare qualunque *happening* (leggi compleanni e cene private). Questo posto ha ospitato, oltre a numerosi set cinematografici e fotografici, anche le cene dei collezionisti della galleria Gagosian, che non sceglie mai a caso i luoghi dove festeggiare i vernissage della sala ovale di via Crispi.

Le romane che si sono trasferite all'Esquilino sulla scia dell'innegabile charme emanato dalle altane con affaccio su piazza Vittorio, con i giardini appena restaurati, sono concordi nel dire che l'arrivo di Casadante ha dato il "la" alla rinascita del quartiere. Va detto che concorrono anche altri artefici. Non per forza in quest'ordine: nelle conversazioni da bar, le capitoline partono quasi sempre citando gli appuntamenti d'arte dello Studio SALES, che mantiene vive le radici culturali e internazionali dell'edificio di fine Ottocento già sede della Reale Accademia del Belgio; qui venivano ospitati gli artisti selezionati dalla Corona, sulla scia del Grand Tour. Il gallerista Norberto Ruggeri, insediato in tempi non sospetti per cui molte sussurrano si tratti di un "pioniere", alterna artisti emergenti e provenienti da spazi indipendenti ad altri più conosciuti e ben felici di essere esposti in un loft dal grande fascino sabaudo. Qui le romane, durante i vernissage, non mancano di allungare il collo come fossero modelle di Modigliani per scrutare, attraverso la grande finestra semiovale che somiglia a quelle degli studi protetti dai cortili di via Margutta, l'eleganza di piazza Dante gratificandosi la vista con le facciate dei palazzi abitati da ministri, attori e galleristi. Altro segreto gelosamente custodito dalle romane.

LE ROMANE E IL POTERE

Le capitoline sono bipartisan e non si stupiscono più di nulla. Se nei programmi TV i politici e le donne della politica si affrontano verbalmente con toni accesi che sfiorano la rissa e fanno pensare ad altrettanti scontri fuori dallo studio televisivo (anche non a favore di telecamere), quando si trovano in situazioni di convivialità e di privilegio di colpo abbassano le armi e qualunque rivalità si dissolve. Le romane hanno partecipato e assistito a migliaia di questi "siparietti": prima si discute e si litiga per la propria parte politica e per il pubblico, poi si va a cena insieme e ci si scambiano gli indirizzi delle boutique.

Le signore di Roma hanno la possibilità di frequentare luoghi istituzionali con maggiore facilità rispetto alle altre cittadine italiane: Palazzo del Quirinale, Camera, Senato, Corte Istituzionale, Corte dei Conti, anche solo per un convegno o una presentazione di un libro. Di questo privilegio sono consapevoli e ne fanno tesoro, innanzitutto perché sanno che così possono costruirsi opinioni "di prima mano" e possono incontrare persone interessanti anche per la propria professione, oltre che per il côté sociale. E poi c'è la soddisfazione non secondaria di trovarsi a contatto con la massima espressione dei rituali e del cerimoniale della Repubblica, e di poterne testare il fascino e il rigore (rassicurante in un mondo caotico e sempre in bilico). Si può dire che per le romane (e le italiane) raggiungere l'apice della posizione sociale vuol dire ricevere il prestigioso invito cartaceo con il logo della Presidenza della Repubblica punzonato a secco, perché sanno cosa significa l'ingresso in un "club" di connazionali: essere meritevoli dell'accesso al gotha della rappresentanza istituzionale e nazionale. Per le celebrazioni del 2 giugno sono tutte in coda ordinata, dalle ministre alle imprenditrici, perché il ricevimento inizia già nel rituale dell'ingresso. Al momento della banda e dell'inno nazionale suonato nei giardini, alle romane sale sempre un po' di commozione e si sentono coinvolte nell'atmosfera della cerimonia. Allo stesso modo, vengono toccate anche dal quotidiano cambio della guardia davanti al Palazzo del Quirinale, quando si ritrovano con la mano sul cuore per rispetto alle note di Mameli. L'equivalente *British* davanti a Buckingham Palace non produce lo stesso effetto.

Le romane che frequentano questi luoghi verticali sanno senza titubanze che in queste occasioni l'abbigliamento è un codice, anche se le eccezioni non si possono escludere neppure in queste situazioni. Quando il Sovrano Ordine di Malta, nella ricorrenza di San Giovanni Battista, apriva la villa magistrale sull'Aventino per uno dei ricevimenti più esclusivi della Capitale, non tutte avevano la sensibilità (e l'educazione) di rispettare la regola «Mai con le spalle nude»., creando così qualche imbarazzo alla parte religiosa (quella sostanziale) e sovrana dei «gentiluomini cattolici animati da altruistica nobiltà d'animo e di comportamento». Nei giardini le capitoline non possono fare a meno di alcuni accessori: l'onorificenza conquistata sul campo – e di campi ce ne sono mille – e il foulard/sciarpa perché la folata è dietro l'angolo (l'inizio di giugno è sempre capriccioso).

È istituzionale indossare tailleur gonna o pantaloni, borsa piccola e tacco medio. La romana che lavora frequenta più agevolmente di altre italiane i ministeri, per riunioni in senso generico, incontri con i ministri o sottosegretari o direttori generali, passando sempre attraverso la segreteria: è questa che tutto può e, se si crea un feeling, fa la differenza nell'ottenere un accredito con chiave d'accesso privilegiata. Lo stesso vale per i vertici militari e per i vertici delle associazioni di categoria. Insomma, per tutto il mondo che esprime e rappresenta potere. E se ottiene l'anelato lasciapassare, difficilmente la romana se ne fa un vanto perché diventa un proprio "scrigno" relazionale. Anche il tempo di attesa in anticamera – solitamente un salottino dove una solerte assistente propone un caffè o un bicchiere d'acqua – stabilisce l'attenzione che il potente di turno vuole tributare. Le romane non si fanno prendere dall'ansia e i minuti aspettati prima di varcare la soglia, a volte, sono proporzionali all'educazione del rappresentante in carica.

«LE ROMANE SANNO CHE
LE "POLITICHE" PRIMA DISCUTONO
TRA LORO CON TONI ACCESI,
POI VANNO A CENA INSIEME
(E SI SCAMBIANO GLI INDIRIZZI
DELLE BOUTIQUE).»

SLALOM

Volontà e capacità sono qualità innate nel percorso delle romane, abituate a mettersi in gioco nel mondo della cultura, dell'imprenditoria, della solidarietà. Il loro essere, in una parola, "caleidoscopiche" è un'attitudine che nasce dalla complessità espressa dalla città in cui vivono. Crediamo che nella nostra memoria genetica ci sia la sensazione di un "già vissuto". Non va dimenticato, infatti, che questa città è una capitale: a Roma nascono norme che poi vengono diramate all'intero Paese, e questo implica per le capitoline un impegno superiore, insieme a difficoltà logistiche quotidiane che sono sotto gli occhi di tutti. Hanno sviluppato l'abilità a fare più cose contemporaneamente, sono abituate a fare lo slalom "a sci uniti".

Parola di Paola Santarelli, Cavaliere del Lavoro, imprenditrice e collezionista. Paola appartiene all'unica famiglia italiana che ha concesso in comodato a istituzioni pubbliche opere importanti (che spaziano nell'arco di cinque millenni), patrimonio della collezione privata gestita dalla Fondazione omonima. Santarelli afferma: «Spesso ci troviamo a gestire argomenti estranei e "dilatatori" [NdA: il pericolo digressione è sempre in agguato], una capacità psichedelica che ci aiuta a comprendere le motivazioni degli altri. Storicamente siamo più inclusive: chiudersi e opporsi al cambiamento e alle difficoltà vuol dire non partecipare e non contribuire a un possibile miglioramento. Chi fa l'imprenditore a Roma sa che deve affrontare una serie di ostacoli: si alza la mattina e mentalmente (oltre che fisicamente) si mette ai blocchi di partenza».

Va ricordato che Paola Santarelli ha acquisito nel 2015 la Maison Capucci per ammirazione e riconoscenza nei confronti della genialità delle forme e dei colori del maestro Roberto Capucci, il quale ha sempre trovato ispirazione nella bellezza di Roma.

AGGIORNAMENTI CONTINUI

Dicono che i migliori affari si facciano a tavola e le romane lo sanno bene. Snodo fondamentale delle pubbliche relazioni sono infatti le colazioni al femminile. Riavvolgiamo il nastro: due capitoline si conoscono da poco e si reputano simpatiche o hanno il desiderio di approfondire la loro conoscenza. A quel punto parte la domanda: «Ci vediamo un giorno a colazione?». Sì, a colazione, perché le romane non lo chiamano pranzo. La settimana successiva chi invita mette insieme alcune amiche di fiducia e la new entry, che viene benevolmente "scannerizzata" per decidere se includerla per altre collegialità. In questi casi il convivio è unicamente di donne, perché si sentono più libere e possono trattare di tutto: politica, bellezza, fiori, integratori e ultimi trend, altalenando esperienze da allergologhe o diplomatiche di Stato o esperte di case reali e scout di domestici. Sono implicitamente banditi gli argomenti figli e mariti, a meno che non ci siano novità eclatanti, per non sollevare temi che potrebbero rivelarsi spinosi. Queste colazioni, di solito, aggiungono dettagli importanti per allargare il proprio «portfolio relazionale» (cit. Massimiliano Smeriglio) e per trascorrere qualche ora, si spera, gradevole. Le signore si incontrano all'orario stabilito dopo aver ricevuto un *reminder* tramite WhatsApp la mattina stessa, per avere la certezza che non sia sfuggito l'appuntamento; e, salvo casi rari, sono puntuali al fatidico scoccare delle 13.30. Meglio non arrivare quando la conversazione è già decollata («Mi sono persa qualcosa?»).

MEMORIA DA ELEFANTE

Al momento delle presentazioni, le romane svelano una memoria d'elefante grande quasi quanto le "orecchie" con cui è spesso chiamata la cotoletta milanese. Da qualche parte si sono sicuramente già viste. Magari non ricordano alla perfezione il nome, o non lo hanno memorizzato al primo giro, ma poi si impegnano soprattutto se scocca una scintilla di interesse. Bastano tre domande in un discorso che parte sempre col tu amicale: «Di cosa ti occupi?», «In che zona lavori?», «Dove abiti?». Naturalmente i quesiti non vengono sparati a raffica, ma sono ben alternati e mimetizzati all'interno di altri discorsi per non sembrare parenti di Tom Ponzi (chi non conosce il noto investigatore che iniziò a operare con il boom economico degli anni '50?). In base alle risposte vengono dedotti anche il gruppo sanguigno e la misura del piede. Non si tratta di curiosità pettegola o di investigazione, ma di dar seguito al desiderio di collocare la persona in un contesto per capire se si possono creare delle valide connessioni, lavorative o sociali. Da quel momento si parte con il capitolo delle conoscenze in comune che getta le fondamenta del nuovo rapporto. E c'è sempre qualcuna nei dintorni pronta ad aiutare le due protagoniste a superare i primi momenti di imbarazzo. Molte romane possono raccontare dell'uso di alcune padrone di casa di organizzare per il *lunch* delle "tavole rotonde" nelle quali commensali di ambiti diversi vengono mescolati e ognuna è invitata a parlare di sé per un minuto, così da risolvere in modo teatrale il tradizionale giro delle presentazioni (nome/cognome). Le più goliardiche chiudono ogni parentesi con un brindisi. Il vino viene aperto ma di solito, purtroppo, la metà delle signore è astemia o morigerata. Tuttavia se è necessario un brindisi, spesso prima di iniziare con le libagioni, viene fatto in onore della padrona di casa e allora nessuna si esime dall'alzare il calice e mimare un sorso. La gioia fa parte dell'animo romano. Spesso la padrona di casa, se amante del vino, farà sapere che ha superato almeno il primo livello al corso dell'AIS (Associazione Italiana Sommelier) per cui è... una "vera" sommelier.

La romana raramente è astemia perché ama la vita e la socialità – è difficile restare astemi a lungo in una città dove eventi e ricevimenti sono all'ordine del giorno –, ma sa che gli astemi non vanno demonizzati; al limite guardati con tenerezza. A tavola lasciano comunque il bicchiere del vino per il commensale che "va ad acqua", perché casa sua non è un ristorante. E non porta le bottiglie di plastica in tavola perché sono antiestetiche: la romana dunque scaraffa sempre. Anzi, ha una grande collezione di brocche di famiglia, acquistate e regalate. E brinda con piacere anche se l'occasione non è speciale.

GIOIELLI ROMPIGHIACCIO

Esistono degli accessori che diventano argomento di conversazione anche tra romane che non si conoscono, e grazie alla curiosità sulla provenienza del bijoux "rompono il ghiaccio", per poi scoprire altri punti in comune; a Roma, e da qualche tempo anche a Milano, sono riconoscibili le collane con le perle catarifrangenti note come *dinner conversation*. Lucia Odescalchi ha creato, con la sua produzione sofisticatamente eccentrica, una community di adepte fiere di poterne dichiarare l'appartenenza. Nell'atelier al piano terra di Palazzo Odescalchi, una delle residenze di famiglia più eleganti della Capitale, sono entrate in punta di piedi per uscire al settimo cielo tra soffitti affrescati e scelte appaganti. Prima di arrivare a creare monili, Lucia è stata indossatrice e ballerina di danza classica, passione che le appartiene ancora, come la grande musica («La mia testa è sempre piena di sinfonie»). Le clienti romane che sanno osare e divertirsi desiderano gioielli spesso straripanti (di quelli che "fanno" un abito) e amano l'unicità. «Però, se devono fare un regalo a un'amica o un omaggio di rappresentanza sono più contenute nei toni, e scelgono un gioiello "blindato" che non faccio mai mancare in ogni collezione» racconta Lucia Odescalchi. Tradotto: né lungo né corto, né grande né piccolo, comunque riconoscibile.

NESSUNA COLPA

Nell'attesa che arrivino tutte le invitate, le romane offrono un veloce aperitivo, vino bianco mosso e una tisana tiepida di limone e zenzero per "purificare"; hanno scoperto di essere *green* e *healthy* da non molto. Se qualcuno comunica che è a dieta, la padrona di casa chiede cosa può mangiare, ma le altre commensali non saranno penalizzate dalle scelte del regime alimentare di una sola invitata. Colei che è a dieta (ha una fame blu) disamina cosa può abbordare tra le prelibatezze offerte, ma le romane non conoscono la colpa in fatto di cibo. Parte quasi dalla nascita il rapporto conflittuale con la bilancia, che viene però bypassato dai piaceri del palato. Compreso chiudere a fine pasto con del buon cioccolato. Amaro, possibilmente.

Un altro aspetto che potrebbe essere plausibile ma che non è proprio contemplato è il porta-party. Nessuna invitata si sogna di integrare il menu con propri manicaretti. E nemmeno di entrare in cucina a portare i piatti per aiutare la padrona di casa.

POCO AL CASO

L'apparecchiatura delle romane non è mai lasciata al caso anche quando è informale. Prima di tutto è raro che manchino i fiori in casa e in tavola. Sanno benissimo che le candele non andrebbero accese a colazione in quanto in passato servivano per illuminare la tavola serale, ma alcune desiderano l'atmosfera e le utilizzano anche con la luce naturale, quasi fosse un vezzo. Ma non devono essere profumate, per non coprire i profumi dei manicaretti e del vino. E qui entra in scena la creatività di Laura Tonatto, *domina* del profumo. Il suo gel per le mani sempre a portata di borsetta è un oggetto del desiderio senza il quale sei out. Il naso romano (di adozione) ha creato le essenze per la regina Elisabetta: ha evocato con i suoi bouquet olfattivi tante opere liriche o monumentali, e da poco ha prodotto un tipo di candela color crema – usato dalla famiglia reale inglese – che dura molto e la cera sciolta, come per incantesimo, si dissolve all'interno della candela stessa.

SPLENDERE

Come accennato, quando le romane ricevono qualcuno di sera non dimenticano di accendere almeno una candela in tavola, oppure su una consolle, per creare l'atmosfera e dimostrare devozione all'ospite. L'indirizzo per fare scorta di cilindri di cera è la Cereria Di Giorgio in Trastevere, già Cereria Pontificia. Qui le signore si dividono in due categorie: chi va a colpo sicuro perché è praticamente una collezionista del genere e le rinnova periodicamente, e chi deve orientarsi ed essere consigliata data la mole di colori, forme e sfumature. Una cosa è certa: colpite da una realtà unica come una fabbrica di cera in pieno centro città, non escono mai a mani vuote. Simone, un collaboratore storico, racconta: «Le nostre sono clienti molto determinate, attente anche alla confezione». Aggiunge che un'ambasciatrice, dopo aver mandato a fare scorta il segretario, era talmente soddisfatta della luce sui candelabri barocchi di rappresentanza che non ha mai più voluto affidare l'acquisto ad altri, preferendo andare di persona per il piacere di immergersi in una manifattura così originale.

C'è un altro indirizzo da anni frequentato dalle romane, e si trova dalle parti del Ghetto: è qui che si riforniscono le *addicted* delle candele Yaky, quelle che si arricciano con il calore della fiamma formando sculture naturali che ricordano le corolle di un fiore. Molto raffinate e altrettanto riconoscibili. Un must.

COLAZIONI CREATIVE

E poi ci sono le creative della tavola, come la gallerista Sara Zanin che apparecchia le sue colazioni d'arte mettendo al centro dell'allestimento le opere dell'artista in esposizione, con grande gusto e stupore delle invitate. Oppure le tavole delle romane che puntano sul divertimento con i centrotavola buffi talvolta scovati dal marito – per esempio un maialino tondo di peltro che campeggia al centro dell'apparecchiatura – che costituiscono motivo di gioia nella convivialità. E non bisogna dimenticare i piccoli contenitori (d'argento cesellato) di mentine, liquirizie, confetti che adornano fin dall'inizio le tavole di nobili nostalgiche, che rimandano alle tradizioni di famiglia.

Le colazioni dell'architetto Anna Elisa Lugini, in una chiesa sconsacrata di Monti che è stata trasformata in studio, prevedono un allestimento minimalista e l'intervento, condito di ironia e gusto, del vicino locale Zia Rosetta; qui sono stati avvistati anche i quattro romanissimi Maneskin, affamati come lupi dopo lo shopping nei negozi del vintage. Il panino a forma di rosetta è un'operazione formidabile di salvataggio di un genere di carboidrato da forno in via di estinzione che le romane avevano praticamente rimosso, nonostante l'estetica accattivante che sboccia in cottura come una rosa a maggio. In via Urbana, le rosette farcite si mangiano invece sul posto o si ordinano in doppia taglia, un espediente che gratifica sempre le capitoline alla ricerca di soluzioni pur di non sentirsi in colpa (ma poi ne mangiano quattro ed è come se...). Fantasia nel menu – si va da "Prova Costume" a "Lady Godiva" – e sostanza nel contenuto –dalla parmigiana di melanzane al baccalà mantecato abbinato ai pomodori secchi – sono diventati gli argomenti aggreganti di conversazione, con la soddisfazione del tributo alla romanità, come nel caso dei maritozzi piccoli e salati (in ascesa quelli di Maritozzo Rosso a Prati) che si stanno facendo strada per l'aperitivo. Hanno la stessa funzione dei cicchetti veneziani, uno tira l'altro, e farciti di baccalà diventano una "droga" (peraltro si può invitare per un aperitivo senza fatica). La pizzetta di pane o di sfoglia non può mancare, ma lascia il tempo che trova: è rassicurante, però dà l'idea di non essersi applicate molto. Quindi viene riservata agli amici intimi e con grande confidenza (fa ancora molto festa per i bambini).

BAROCCHETTO DA VIP

A proposito di tavole romane ben accessoriate e rappresentative dell'ospitalità capitolina da esportazione (Oltreoceano ci osservano nei nostri usi e costumi più di quanto immaginiamo, anche grazie a Instagram), Violante Guerrieri Gonzaga suggerisce un tuffo nel barocchetto romano con ingerenze inglesi. Sotto la punta del suo pennello, lo stile floreale subisce volentieri le incursioni di una fauna variegata – pappagalli, fenicotteri, elefanti, per suggerire che Roma è comunque una città esotica – che abbellisce l'apparecchiatura perfetta evocando un giardino perenne, molto apprezzato da una fetta di capitoline, appartenenti soprattutto all'aristocrazia, allergiche al minimalismo. L'universo domestico creato da VGG (un'ospitalità dai canoni tradizionali che prevede piattino per il pane, caraffa, salsiera...) fa molta presa nell'immaginario degli ospiti stranieri e, va detto, non si ferma alla *mise en place*, curatissima fino alla scelta dei fiori sempre coordinati, ma tracima nella zona fornelli e sulla terrazza di Palazzo Taverna (i tetti della Roma barocca sono così vicini da poterli toccare). Sono diventate virali le lezioni di cucina impartite anche ad attrici straniere come Kristen Stewart, e le colazioni servite a Michelle Pfeiffer e Angelina Jolie, a Chiara Ferragni e Maria Grazia Chiuri, per citare solo alcuni degli illustri commensali. Il passo successivo: lo showroom e atelier, trasferito dal cortile della fortezza del XV secolo (ricordata da Dante nel XVIII canto dell'*Inferno*) al piano strada, facendo tornare a molte la voglia di giocare con le porcellane.

TAVOLA REFRESH

Molte romane sono attente alle ricorrenze o alle stagioni, per cui ecco che le scenografie sono composte dai ricci delle castagne agli alberelli di Natale, dai coriandoli alla mimosa, dalle primule alle piccole uova di Pasqua, fino alle conchiglie o alle stelle marine.

I piatti per la tavola delle capitoline appartengono comunque ai servizi di famiglia e ai nuovi acquisti, praticamente quotidiani, da Ikea (l'apertura a piazza San Silvestro è stata il "colpo" fatale). Le due tipologie così agli antipodi a volte si incontrano con buoni risultati, se l'ospitante ha sviluppato un talento nel mélange. Per le nozze, ma anche per esaudire un desiderio di novità e "refresh" della tavola, uno degli indirizzi più gettonati e ben custoditi è il salotto chic (che somiglia a una scatola di seta) dell'Ecriteau. La sua clientela, che si inerpica (o scende) lungo via Gregoriana lontano dalla folla, oscilla tra teste coronate, *socialite* e signore sofisticate. Manuela Narduzzi le ha abituate a oggetti fuori dall'ordinario, da acquistare per sé stesse o per un regalo alle amiche da tenere strette, dopo aver custodito gelosamente la tradizione delle porcellane francesi bordate d'oro e decorate con esclusive frasi deliziose. La mania che ha contagiato le romane, di personalizzare ogni cosa, soprattutto con le iniziali, qui è una tendenza da decenni, insieme a un'immutata atmosfera accogliente e profumata (gli ingredienti dell'essenza restano top secret, ma possiamo azzardare: basilico e lime?). La chiusura di ogni pacchetto è un rito: le capitoline sanno che sulla carta azzurro polvere arriverà (da lontano) una spruzzata di profumo, gesto che cita il sigillo delle missive d'amore del passato. Questo è anche il regno delle agende rivestite di velluto, e delle "Guendaline", i portagioielli sorretti da tre zampette palmate. «In ogni donna c'è una Guendalina. Sono un mood, uno stile di vita. Sono lo charme con i piedi nel fango, sono la grazia anche a crepapelle, sono lo stile sul tacco 12 e a piedi nudi nel parco» dice la loro artefice. Per molte romane *boomers* si accende anche la lampadina del film d'animazione Disney *Gli Aristogatti*, con le indimenticabili Guendalina e Adelina Blabla insediate dal gatto Romeo, *er mejo der Colosseo.*

LUSSO PIÙ LUSSO

«Tutto parte dalla Svizzera, dalle scuole private dove andavano i miei figli. Le mamme, provenienti da tutto il mondo, andavano a comprare la biancheria ai grandi magazzini e da lì l'intuizione di fargli trovare lenzuola e asciugamani già personalizzati.» È andata benissimo. Tornata a Roma, Sveva Morabito ha continuato a lavorare su una nicchia del lusso per case e

barche, con un'intuizione cha ha incuriosito le globetrotter nostrane: la federa di seta con proprietà antiaging (tra le tante, non increspa i capelli durante la notte e lascia la pelle del viso liscia). Custodito in una busta di stoffa, anche questa con le cifre, può essere portata ovunque la romana decida di dormire. Insomma, una "coperta di Linus" che genera dipendenza.
Viste le due personalità molto spiccate e diverse, le capitoline in movimento anche sulla rotta di Saint-Tropez o Saint Moritz, con case da arredare, si affidano alla vena creativa e onirica di Coralla Maiuri, che adesso dipinge anche tessuti per gonne lunghe e pantaloni palazzo effetto "gipsy". I suoi servizi da tavola, più vicini a opere d'arte che a stoviglie, scatenano l'effetto scenico. «Con i miei decori esprimo il ritmo della vita, raccontando la terra vista dal cielo e le nuvole viste dal mare.» Parola di Coralla.

EVENTO PASTA

Tutte le commensali aspettano che la padrona di casa inizi a mangiare. Il cibo proposto a colazione non è mai ridondante perché, si sa, a pranzo bisogna stare leggere, ma in ogni caso è "generoso". La pasta costituisce un evento a sé, quasi come una pietanza peccaminosa, un oggetto del desiderio che la padrona di casa propone di rado per non attentare psicologicamente alla linea delle ospiti. A meno che non sia qualcosa di eccezionale come le orecchiette fatte a mano arrivate dalla Puglia il giorno stesso, le trofie della Liguria, i canederli altotesini...

In quel caso è giustificata.

GASTRONOMIA MON AMOUR

Ultimamente è tornato in voga comprare in gastronomia con l'alibi del poco tempo. Difficilmente però verrà ammesso il "fattaccio", come se l'acquirente si sentisse colpevole di non aver cucinato. Le invitate con il palato fine se ne accorgono, ma fanno finta di niente.

La romana è consapevole che sono terreno minato il pesce crudo e la carne cruda, oltre alle frattaglie, il quinto quarto che tanta storia ha fatto nella cucina romanesca. Ogni tanto, erroneamente, si lancia in sperimentazioni di nuovi piatti prima di fare la prova in famiglia. L'imprevisto è dietro l'angolo, ma le commensali non criticheranno mai in virtù dell'ospitalità. Piuttosto lasciano.

Altro vezzo della padrona di casa romana è quello di informare sulla provenienza delle materie prime. Comunica con orgoglio la carne acquistata da Feroci – insegna di macelleria famosa già negli anni Venti, la cui busta color argento è riconoscibilissima – soprattutto il roast beef, dopo aver ammirato la bella esposizione della vetrina di piazza della Maddalena. Il sabato (quando i varchi della zona a traffico limitato sono aperti) al mercatino di piazza Monte d'Oro arrivano le romane che fanno la spesa per la settimana perché i prodotti sono certificati: addirittura, il banco delle "sorelle" propone cinque tipi diversi di cipolle, tutte DOP. Attente agli alimenti di stagione, per la vignarola a 15 euro al chilo non badano a spese. Spesso la mattina incrociano qui Vittoria Puccini, Massimo Ghini tra i banchi per i carciofi, e poi il maestro della Transavanguardia Enzo Cucchi (grande camminatore del centro storico, che è facile incontrare).

«Maestro Cucchi, com'è la romana?» «La migliore. Ha tutto.» «Ci spieghi meglio: per intelligenza, bellezza...» «La migliore non deve essere necessariamente intelligente, perché lo è già cosmicamente. Ha visto mai una donna appena appena meno intelligente di un uomo? Impossibile.»

Altra tappa fissa della piazzetta dietro Palazzo Borghese è il macellaio: Fabrizio consiglia se sono in arrivo tagli migliori per il giorno dopo; tutte lo adorano e si fidelizzano perché non manca mai il complimento. Fa il paio con il macellaio di via Antonelli che ha stregato più di una signora dei Parioli con i suoi occhi azzurri e con la selezione del suo banco. Il polpettone di Pino è la cifra del luogo, classico oppure con le 3P. E qui le P qui si sprecano come uno scioglilingua: Pino ai Parioli con il suo Polpettone con Pistacchi, Prugne e Pinoli (che fa fare alle romane un figurone).

Gioca un campionato a parte il mercato di San Teodoro, che in principio fu un mercato ittico, mentre oggi quello che era l'Antico Mercato del Pesce degli Ebrei è diventato la sede del *farmer market* firmato Campagna Amica, il più evocativo della Capitale. Il suo *goal* è stato quello di far avvicinare le romane indifferenti alla spesa a chilometro zero rendendole doppiamente dipendenti, per le verdure e per il rito. In ogni stagione arrivano in auto o in bicicletta per lanciarsi in una sorta di passerella tra i banchi di produttori selezionati, dove tra una verza e un Pecorino romano si fanno incontri. Nel frattempo, si ha la possibilità di fare un veloce ripasso della storia di Roma: fuori dalla soglia del Mercato ecco Campidoglio, Palatino, Bocca della Verità, Circo Massimo, Aventino, Tempio di Ercole, Arco di Giano, Rupe Tarpea. Con un tale antipasto culturale, le romane non fanno fatica a convincere anche i mariti meno interessati al tema "oggi andiamo al mercato".

SALVEZZA NORDICA

La Salmoneria è il paradiso delle romane che amano le sollecitazioni provenienti dai Paesi del Nord. Il salmone affumicato che prima veniva relegato alle tartine e alternato allo pseudocaviale con un giro di maionese traballante, negli ultimi anni è diventato una portata completa sulle tavole romane. Anzi, in frigo ci sono sempre salmone e panna acida per un aperitivo dell'ultimo minuto. Le clienti del negozio vicino al Senato sono soprattutto appartenenti alla politica o giovani fortunate che vivono da sole in centro, mentre quello di via di Ripetta è il luogo della vendita per attori e famiglie. Entrambi, oltre il salmone in tutte le sue declinazioni, hanno un comune denominatore: la *crème fraîche* della quale, a quanto pare, non si può più fare a meno, e i *blinis*, che costano un occhio della testa ma fanno bene alla vista e al palato. Altro luogo di approvvigionamento in fatto di salmone è l'area food di Ikea dove, a quanto dicono, il rapporto qualità-prezzo è interessante. E per quanto riguarda il caviale, ogni romana che si rispetti ha un indirizzo di una signora iraniana che può procurarselo e i recapiti fanno parte dell'indirizzario top secret da non rivelare nemmeno sotto tortura. Caviale servito con albume sodo, capperi, cipollina, tutti separati, e il tuorlo a mimosa.

ORTI DI MOZZARELLA

Altro giro, altro regalo, altra prelibatezza dove le romane, soprattutto in estate, fanno la fila. Si tratta di Micocci, un luogo storico (dal 1898) vicino alla magia degli Horti Sallustiani. L'insegna dal sapore antico, anni Sessanta, recita a lettere cubitali "Latticini": è qui che la gourmand romana di turno acquista trecce, bocconcini e mozzarelle di giornata, nemmeno fossero le uova del contadino. Nonostante la cerimonia meticolosa e flemmatica che va dal riempire il sacchetto con il siero alla raccomandazione della giusta temperatura di conservazione, passando attraverso il fiocchetto che avvolge la carta che a sua volta suggella il prezioso contenuto (Angelo Branduardi sarebbe soddisfatto della nostra parafrasi della canzone *Alla fiera dell'Est*), la romana frettolosa non demorde, certa del trionfo in tavola. La domanda di rito tra le amiche, dopo aver addentato il primo boccone quasi fosse un mantra, è: «Micocci?» «Certo!» «Eh, non c'è paragone!». Un punto a favore, palla al centro. Il proprietario, Antonio, ama raccontare di quando Gianni e Susanna Agnelli (prima di partire la senatrice gli dava un bacio sulla guancia) si approvvigionavano da lui, come fanno ora anche Sabrina Ferilli e Margherita Buy. E con una nota di orgoglio aggiunge che il professor Draghi, poco prima di essere nominato premier, si dichiarava indeciso sulla frequentazione del locale: per la bontà dei formaggi o per le storie raccontate da Antonio su ciascun prodotto?

BUFFET E CONFIDENZE

Un'altra frontiera capitolina del ricevere sono le colazioni a buffet, preferibilmente in terrazza, che si svolgono quando il numero delle invitate supera le dieci persone. I piatti, le posate e le pietanze sono sul tavolo principale, le bevande e i bicchieri su un tavolino d'appoggio. Le romane si avvicinano alle pietanze per un primo approvvigionamento che è più simile a un assaggio, per poi tornare al secondo round più convinte. Il tovagliolo non è mai di carta nemmeno per il buffet, ma sempre di stoffa. Le invitate sono brave a conservare il proprio piatto, ma il bicchiere no, è più forte di loro, lo "perdono" continuamente, tanto che ormai la padrona di casa sa che deve calcolare tre bicchieri per ogni ospite. Una volta terminata la colazione con dolce e frutta (sempre per ultima), colei che ospita invita le signore a spostarsi in salotto per prendere il caffè e sfodera una gran varietà di zucchero e latte (soia, senza lattosio, panna...), ed è qui che scattano le confidenze. Mentre a tavola tutte parlano tra di loro alternandosi rigorosamente, di fronte alla tazzina arrivano a tu per tu, in piccoli gruppi, i racconti più circoscritti, sebbene sempre con un limite. A eccezione delle "troppo amiche" che, anche se si sono lasciate a una cena la sera prima, devono continuare a colloquiare fitto fitto.

Difficilmente verrà condiviso l'indirizzo di una sartina a buon mercato o della massaggiatrice economica che viene a casa perché, per questi inestimabili tesori, sono necessarie grande fiducia, amicizia e sorellanza.

GIACCA O NON GIACCA

Le romane sanno che sono le padrone di casa a dover trasferire il *mood* della serata che influenzerà poi la buona riuscita del loro invito: la regola vuole che non si facciano mai trovare in affanno o stanche. Sanno anche che implacabile verso le 19 arriverà una telefonata o un messaggio con la domanda per capire il tenore dell'incontro. La discriminante negli inviti ricade tutta sulla parte maschile: se la serata è informale, le romane rispondono «Siamo tra amici», lasciando intendere che il marito non indosserà la giacca, tantomeno la cravatta. Le capitoline, insomma, indirizzano il dress code dei mariti. Le più scaltre non hanno bisogno di chiedere e non cadono nemmeno nell'equivoco quando sentono nominare la frase: «È solo una spaghettata», perché hanno imparato a conoscere/valutare gli interlocutori e a non farsi cogliere impreparate. Nel dubbio, consigliano ai mariti di indossare comunque la giacca anche senza cravatta.

Il galateo vorrebbe che la padrona di casa non fosse sopra le righe ma un gradino sotto, evitando per esempio di indossare gioielli importanti; ma va detto che le romane non sempre resistono alla tentazione: l'occasione è comunque un motivo di festa, e difficilmente scelgono la semplicità perché amano manifestare con il loro look il "piacere di piacere". Tuttavia le tribù romane sono infinite e di contro ci sono quelle che hanno fatto della linearità ragionata un modello di stile, molto piacevole alla vista e rassicurante. Golfino, jeans e stivaletto, ricercati ma mai "strillati", talvolta con la collana di perle o con il gioiello di famiglia taglia anglosassone. Perché preferiscono tenere gli altri gioielli in cassetta di sicurezza.

CHI SIEDO CON CHI

Nel *placement* a tavola, dai sei invitati in su, la romana tende comunque a stabilire i posti e sa di non dover mettere vicino quelli troppo amici che alla fine si isolerebbero, o i colleghi di lavoro che farebbero altrettanto. Il segnaposto lo ritiene un po' da prima Repubblica, ma il foglio con la piantina e i nomi appuntati le sembrano un fedele alleato per non incorrere in gaffe. La dama capitolina è poi sempre un po' terrorizzata che la conversazione si areni sul calcio. La fede giallorossa e quella biancoceleste non trovano un punto di incontro dalla notte dei tempi. Sta a lei sviare su altri argomenti, come le vacanze. E le Maldive, così lontane ma allo stesso vicine, sono una certezza. Come anche i weekend a venire.

Ci sono poi gli inviti last minute, per cui la capitolina che conosce tanta gente non si adombra se l'invito arriva il pomeriggio per la sera, anche se il dubbio di essere un rimpiazzo resta latente. In fondo ritiene sia comunque un'occasione imperdibile perché, si sa, è un po' presenzialista. Non si offende se non viene coinvolta per una volta. Alla seconda se lo ricorda, alla terza non lascia appello e prima o poi ricambia con la stessa moneta. Esclude ma in seguito si riconcilia. Secondo il commediografo romano del II secolo a.C. Tito Maccio Plauto: «Nei confronti di un buon ospite o amico ciò che si spende è un guadagno». D'altra parte la spilorceria, salvo per casi patologici compreso il costante riciclo, non appartiene alla romana, che non bada a spese e ad aiuti domestici. Lei sa che ospitare male vale come non ospitare.

«A CHE ORA?»

Esistono tre fazioni per definire l'orario conviviale. La prima è quella del retaggio nobiliare, in cui esistono la prima colazione, la colazione e il pranzo. Poi c'è quella italico-nordica di colazione, pranzo e cena, e infine la terza, che si condivide con le capitali estere, di chi ha vissuto per un periodo – breve o lungo che sia – a Londra o a New York: è la romana che invita per il *lunch* o per il *dinner*. Per evitare incomprensioni, le signore della Capitale sanno che, per sciogliere ogni dubbio senza sembrare poco social, conviene sempre chiedere conferma dell'orario. Sanno inoltre che è utile, per non far rimanere male chi invita, avvisare l'ospite se hanno in programma di andare via presto perché, magari, la mattina le aspetta una levataccia (non ammetteranno mai che vogliono rientrare a casa presto per vedere almeno le battute finali della serie TV preferita o l'ultima puntata di *Masterchef*). In ogni caso, dal momento in cui accetta, non si accomiata prima del dolce. Ancor meno prima dello spegnimento delle candeline, se è un compleanno.

MAI A MANI VUOTE

Le romane provano piacere nel fare i regali e spesso hanno nell'armadio dei "jolly" acquistati magari in serie, ma dispensati in ambiti diversi. A loro volta, invitando spesso, ricevono molti fiori o omaggi: in quest'ultimo caso, non sempre si fanno scrupolo di cambiare colore o lo stesso oggetto. Si sa, Roma è una grande città e difficilmente il donatore verrà a saperlo; in ogni caso le romane si affidano alla riservatezza del negoziante.

Sanno anche che se il regalo non è di valore può essere enfatizzato da una confezione curata e originale, e da un biglietto ben pensato (si sta riscoprendo anche la scrittura a mano): in questo caso il successo è certo. Il tratto di penna sulla carta bianca non ha rivali, pensano le romane che inorridiscono davanti ai compiti distribuiti dagli insegnanti via WhatsApp, e vorrebbero affrancarsi dalla dipendenza digitale (leggi uso smodato di smartphone e affini). Il fascino della scrittura su carta viene consacrato ulteriormente con i corsi di calligrafia, che alcune delle capitoline seguono, come quelli di Pineider o dell'Associazione calligrafica italiana (che sta registrando un boom di iscrizioni). Alcune aggiungono, con una nota di orgoglio che rivela peraltro la frequenza di uno o più figli nei college Oltremanica, che nei «Templi del sapere come Oxford o Harvard un numero non trascurabile di professori impone agli studenti di prendere appunti manualmente».

Le più raffinate aggiungono al pacchetto il nastrino personalizzato con il proprio nome, fatto stampare apposta online. Per assicurarsi il vezzo dell'attenzione massima, sono disposte anche a ordinare bobine da cinquanta metri, ma tanto sanno che le esauriranno in breve tempo.

L'eccesso di generosità può scadere nel "fuori luogo" inelegante, ma alla romana non interessa perché il piacere di donare (e di ricevere) è grande. L'invitata non si presenta a mani vuote, salvo rari casi "di forza maggiore", ed è molto contenta se l'ospite apre di fronte a tutti l'omaggio. Se il pacchetto contiene dei cioccolatini, la padrona di casa li condivide al momento del caffè. Oppure porta una bottiglia vino, allineandosi a un'abitudine per lo più parigina. I libri sono molto gettonati, soprattutto perché tutte hanno almeno un'amica che ha pubblicato qualcosa di (più o meno) interessante. Il riciclo viene messo in conto, ma "Che importa? Sarà stato un riciclo ragionato" pensa chi lo riceve. E comunque le romane più disinvolte con le relazioni sociali preferiscono dichiararlo, aggiungendo una giusta e affettuosa motivazione.

LE ROMANE E LE PIERRE

Dimmi a quali pierre ti rivolgi e ti dirò chi sei. Fino a quindici anni fa le pubbliche relazioni non erano considerate un lavoro serio, ma un hobby per signore che volevano sconfiggere la noia. Invitavano a Pranzi e Ricevimenti, da cui l'ironico appellativo PR (cit. Paola Jacobbi). Campionesse del genere sono state le mogli dei medici, in particolar modo se primari, le soprannominate "primarie", categoria in via di estinzione perché soppiantata da professioniste che hanno seguito anche corsi di laurea.

GRATITUDINE E RISPETTO

Una considerazione a parte vale per gli aiuti in casa. Purtroppo, *necessitas virtutis*, è spesso argomento di conversazione come la provenienza geografica e il carattere (il luogo comune è dietro l'angolo). La romana sa che la persona fissa o part time rappresenta comunque lo specchio della casa. Le più legate a un passato recente desiderano che serva in livrea o crinolina coi guanti bianchi, le più contemporanee optano invece per un abbigliamento professionale, ma meno formale. Gli indirizzi dove comprare le uniformi sono due: il banco del mercato di viale Parioli e lo storico Zampieri, dove uno si augura che la colf non sia temporanea ma a vita, visti i prezzi. Se chiama un aiuto part time che non conosce, la romana concorda prima l'abbigliamento per non avere sorprese. Se accade un disguido, non rimbrotta pubblicamente, ma spiega il problema in separata sede. Sovraintende lo scadenzare delle portate senza entrare in panico se qualcosa non va. «Ormai è andata», e così entra in scena la tipica filosofia del saper vivere.

Le invitate *habitué* della casa conoscono il nome dei domestici e non dimenticano un saluto all'entrata o all'uscita. In caso non ci siano aiuti domestici, sanno di non dover insistere per aiutare la padrona di casa, se lei non gradisce. Ognuno sia utile a casa propria.

COPERTA O NUDA

Per quanto riguarda l'apparecchiatura, non esistono più le regole ferree di pochi decenni fa, come adoperare la tovaglia di fiandra o di lino che cade a terra: ora la romana apparecchia in totale libertà con tovaglia, tovagliette all'americana, runner, ma sa che una *mise en place* equilibrata è lo specchio di chi ospita.

Un luogo cult dove trovare tovaglie, tovagliette e tovaglioli è Society. Ogni pezzo è un piccolo investimento che fa la differenza per colori, fantasie stagionali e tessuti, e dove l'ultima frontiera è l'eterea tovaglia in abaca, un antico tessuto che proviene dal recupero di una fibra in passato usata per realizzare le corde delle navi. Per quanto riguarda le tovagliette, invece, quelle rigide, rettangolari o rotonde, dalle raffigurazioni esotiche di Lisa Corti sono di sicuro effetto. Ci sono le raffinate (e fortunate) che acquistano le tovagliette a Cortina o in Puglia, direttamente a Tiggiano nella Tessitura Calabrese dove viene avvistata spesso, poiché ha scelto la zona come *buen ritiro*, il premio Oscar Helen Mirren. Poi molte romane dotate di forte personalità sono affascinate dall'estrosità dirompente dell'incontenibile Alessandro Calabrese.

La tavola nuda di influenza scandinava raramente è contemplata dalle capitoline.

IL CONIGLIO ANCHE NO

Al momento dell'apparecchiatura, la signora romana che riceve evita come la peste le sagome filorientali costruite col tovagliolo posizionato al centro del piatto. Oppure nel bicchiere, come un coniglio che esce dal cappello del prestigiatore. Il sottopiatto viene adottato abbastanza spesso e talvolta col (discutibile) centrino della nonna che fa tanto famiglia e rimembranze, oltre a tenere ancorato il piatto.

Passi se a volte in tavola ci sono dei candelabri d'argento talmente grandi che non permettono di vedere in volto gli altri commensali. Basta la voce.

E poi la capitolina apparecchia con i fiori come centrotavola o con piccoli vasetti di fronte a ogni signora, meglio se appena raccolti dalla propria terrazza; inodori, naturalmente. Lei sa che i riferimenti floreali alle stagioni o in concomitanza di feste comandate sono sempre eleganti. Se gli ospiti sono amiche della casa, è un'attenzione da parte delle romane ricordarsi se prendono il caffè amaro o con quale zucchero. Come d'altronde ricordarsi se preferiscono l'acqua naturale o effervescente.

"S'È FATTA 'NA CERTA"

Trattenersi a oltranza è mancanza di rispetto da parte di chi è ospitato.

C'è un codice intuibile che permette di cogliere il momento del saluto, ma per amore della convivialità le romane questo aspetto spesso lo disattendono. Molte però hanno sviluppato una nuova consapevolezza e ora non perdono occasione per sottolineare che gli orari imposti dal lockdown (e dal post lockdown) sono stati una benedizione. In caso di inettitudine alla regola non scritta di ritirarsi quando «S'è fatta 'na certa», o comunque quando la palpebra di qualcuno dei presenti inizia a calare, le padrone di casa resistono stoicamente senza dare segni di insofferenza come tirare giù le tapparelle, chiudere le persiane, caricare la lavastoviglie, spegnere le candele o la musica oppure iniziare a sparecchiare. Tutto ciò è possibile, infatti, solo quando è andato via l'ultimo ospite.

SEMPRE GRAZIE

Il giorno seguente all'invito, la romana fa una telefonata o, se ha confidenza, manda un messaggio (l'alibi contemporaneo più diffuso con la scusa «Non volevo disturbare»). Nel testo (o peggio, nel vocale) afferma quanto è stata piacevole la serata. In risposta la padrona di casa parla bene di tutti e ringrazia per il pensiero ricevuto. Con nonchalance si confronta comunque con l'amica più intima, che invece telefona per dire se una certa persona era un po' sovrappeso o con le occhiaie da stanchezza. Lungi dall'ammettere che si tratta di pettegolezzo; in altre parole: mente sapendo di mentire.

QUESTIONE DI TÈ

Se dicono tè, la mente delle romane corre subito a un luogo unico, Babington's Tea Rooms, in piazza di Spagna a lato della scalinata di Trinità de' Monti. Gli eredi non hanno mai tradito le romane e hanno continuato a servire la bevanda nella formula originale, seguendo il rito importato dalle antenate che include la divisa delle signore che servono a tavola. Le capitoline amano questo dettaglio quasi più di tutto il resto perché le immerge in una tradizione che sa di India e di Old England (regina Madre). Prima di Natale, per esempio, mai rinunciare all'appuntamento con i *Christmas Carols* che inondano di voci bianche piazza di Spagna. Forse non tutti sanno che è la prima sala da tè d'Italia, fondata nel 1893 da due *ladies* inglesi i cui eredi non hanno mai tradito le romane e i raffinati stranieri. Il momento più gettonato dalle capitoline, che comunque si presentano con un abbigliamento rispettoso del luogo – e guardano con un certo disappunto i turisti troppo casual, a meno che le sneaker non siano di Gucci –, è l'*afternoon tea* con i servizi in porcellana, gli *scones* serviti tiepidi e le torte all'arancia o al limone. Ma da tempo anche le colazioni sono molto apprezzate: il piatto più gettonato sono le uova alla Benedict, in barba al colesterolo, e i sandwich inglesi, con tonno e menta, cetriolo, uova e semi di papavero. Le marmellate "fatte in casa" sono uno dei *must* e vengono regalati come un trofeo soprattutto ai non romani. Questo è uno dei pochi luoghi, insieme alle chiese, che implicitamente impone un tono di voce basso, in devozione al rituale *British* e al DNA da istituzione: l'ambasciatrice britannica Jill Morris ha infatti aperto l'esclusiva Villa Wolkonsky per celebrare con un grande ricevimento i 125 anni della maison Babingtons.

Per le romane che hanno scelto la strada del "fai da te", l'attenzione si concentra in via dei Banchi Vecchi. «*You drink coffee, I drink Tea, my Dear*» è la scritta che la dice lunga all'entrata della bottega Tè e Teiere. Dopo un'occhiata alla vetrina piena di sollecitazioni, chiedono tisane rinfrescanti o drenanti: le capitoline, negli ultimi anni, hanno scoperto il tè verde, «il tè per antonomasia» dice Alessandra Celi, non solo per le sue proprietà benefiche ma per la delicatezza. Non si stanca di spiegare alle neofite che «proprio perché è un tè etereo deve essere lasciato in infusione poco, e a temperatura bassa». Quindi, niente fretta, la routine cittadina va lasciata fuori dalla teiera. Il sabato mattina lo spazio cambia volto, e intorno al lungo tavolo conviviale le romane che partecipano alla *tea class* ascoltano la storia delle miscele (provenienza da piccoli giardini e carattere artigianale) e imparano a degustare il tè. «Ho scelto di lavorare a Roma per il ricordo che ho da bambina quando mio padre (artista) ci portava a visitare le chiese e i monumenti. È una città dove lottare quotidianamente per la bellezza è diventata la mia necessità.»

ARTISTA RESIDENT NEL LUSSO

Oltre all'album delle firme celebri, resiste nel Tridente e dintorni il rito dell'artista *resident*, un vero tocco di esclusività. In un angolo del salotto di Babington's non è raro osservare il pittore Stellario Baccellieri mentre fissa sulla tela l'atmosfera, in diretta. Per anni le romane lo hanno incontrato all'Antico Caffè Greco con le sue piccole tele e i colori a olio. Un mestiere che affonda le radici nel Grand Tour (e che le più attente associano subito alla meravigliosa mostra a Palazzo Cipolla di Hiroshige, nel 2009). La tradizione non è perduta, e non stiamo parlando dei pittori di strada – che una volta affollavano piazza Navona –; l'asticella è salita e segna lo "chic internazionale". L'Hotel Eden mantiene fermo da tempo questo personaggio eclettico, presente da tradizione nei grandi alberghi sparsi nel mondo: Andrea Ferolla, illustratore dalla matita raffinata, che osserva e poi fissa sulla carta il viavai cosmopolita. Ha sempre disponibile un tavolo nel salone bar o nel ristorante dell'hotel come punto privilegiato di osservazione, sia del personale sia degli ospiti, per creare un "diario illustrato" che raffigura l'essenza stessa della vita tra le pareti del cinque stelle. Il suo personaggio preferito è il *doorman* (vedi il film *The Grand Budapest Hotel* di Wes Anderson), ma anche il direttore, il barman, tutto il personale con le sue divise iconiche e la gestualità elegante, perché Ferolla considera l'albergo come un grande teatro. Le romane sanno riconoscere al primo sguardo le sue illustrazioni, che includono anche silhouette di personaggi femminili e di location altrettanto seducenti, passate di recente dalla carta alla stoffa dei paralumi che decorano il salotto bar al piano terra dell'hotel di via Ludovisi. Le capitoline adorano sedersi qui in compagnia, per gli appuntamenti con il Piccolo Cinema Eden, sorseggiando champagne in formato mignon direttamente dalla bottiglia con beccuccio d'argento, piluccando popcorn speziati dello chef stellato. A proposito: la selezione di film d'essai su Roma è firmata da Chez Dédé. Il giovane e talentuoso fashion designer Aldo Sacchetti, romano d'adozione, è conteso invece dalle griffe del luxury (Dior, Bulgari, Fendi, Givenchy, e così via) nei loro salotti-atelier: per le clienti capitoline rappresenta una certezza, come il fatto che usciranno dalla boutique con un ritratto firmato. Aldo è capace di cogliere, in pochi minuti e con pochi sguardi, il carattere della persona e riportarlo su un cartoncino pregiato con i suoi colori pastello e il tratto elegante (non a caso, lo abbiamo scelto anche noi per illustrare *Le romane*!).

ODI ET AMO

Le romane si barcamenano da sempre tra due sentimenti contrastanti, ma guai a chi tocca l'Urbe. Odio e Amore. Maledicono le buche, il traffico, il parcheggio che non si trova, il mancato decoro, i turisti "mordi e fuggi", l'improvvisazione, ma poi sono pronte a difendere a spada tratta la Capitale come farebbero con un parente prossimo. Alla fine dei conti, si dicono, «viviamo in un museo a cielo aperto...»: se lo ripetono passeggiando a tarda serata quando tutto sembra calmarsi di colpo e il tramonto incornicia le cupole di Roma, oppure quando accompagnano con orgoglio un'amica che viene da fuori a visitare una piazza o un museo. Per poi ricominciare, il giorno dopo, a maledire di nuovo le buche, il traffico, il parcheggio.... Le romane vivono in un'altalena perenne di sensazioni antitetiche e a forte intensità (AAA cercasi "mezze misure" disperatamente). «Il traffico di Roma è come una scatola di cioccolatini, non sai mai quello che ti capita» scrivono gli esilaranti osservatori dietro al profilo social TheRomanPost. Quanta saggezza in una frase sola.

VIA MARGUTTA

«È vicina la notte
Sembra di accarezzarla.
Amore vedessi
Com'è bello il cielo
A via Margutta questa sera.»

Era il 1987 e Luca Barbarossa scriveva una canzone – che portò sul palco di *Sanremo* dello stesso anno – usando esattamente le parole che ognuna di noi avrebbe voluto ascoltare per descrivere quell'aria speciale che si respira a via Margutta, appunto.

Le romane che hanno imparato a interpretare il contesto-palcoscenico nel quale si muovono con dimestichezza non si fermano all'immagine di via Margutta consumata da centinaia di anni di "mitologia". Negli ultimi tempi tornano a calpestare i suoi sanpietrini – già calcati da Fellini e Masina che abitavano qui – con un certo orgoglio e un nuovo senso della scoperta. Ha aperto qui infatti la prestigiosa galleria londinese di Richard Saltoun che ha scelto Roma (e non Milano o Parigi) per creare il suo "hub" europeo, consapevole dell'*heritage* che via Margutta e la Città Eterna rappresentano, ancora potente nei confronti del mondo (a dispetto di qualche "inciampo" commerciale). Una concentrazione di collezionismo e di mecenatismo unica, come è unica la densità di espressioni creative accumulate nei secoli in queste poche centinaia di metri, con una luce straordinaria riflessa dalla ripa del Pincio e una sequenza di cortili dove le romane si rifugiano e tirano il fiato.

EMME

Emme è un boutique hotel in via Margutta con poche camere, una zona pranzo intima e tavolini con effetto serra (nel senso buono della parola), oltre a un giardino segreto alle pendici terrazzate del Pincio (un'alternativa riservata al più eclatante giardino pensile del vicino de Russie). Nel tempo, con perseveranza, ha scalato la classifica degli indirizzi più citati dalle romane che qui si danno appuntamento per un *lunch* o un aperitivo sfoderando la loro membership card. Il proprietario, Alberto Moncada di Paternò, presidente dell'associazione che anima la strada, ha dato fiducia al carnet relazionale di Barbara Lessona; è stata lei a trasformare lo spazio comune dell'hotel in un salotto al quale si approda dopo aver ricevuto un invito su WhatsApp per presentazioni di libri, degustazioni di vini e di "fondamentali" della cucina italiana – come olio e riso – scovati tra le aziende agricole di nicchia che hanno conquistato sul campo le medaglie della sostenibilità e del gusto. Si replica, nella pratica, un format *ante litteram*, visto che il trisnonno Moncada a fine Ottocento aveva fondato il Circolo internazionale degli artisti proprio al numero 54 di via Margutta, una strada con lo status di villaggio, da *La dolce vita* al "dopo Fellini", fino ai giorni nostri. Questi incontri sono diventati un appuntamento per le romane curiose e abituate a fare rete. Ha scelto, per esempio, questo salotto per presentare il suo saggio sulla famiglia Windsor (*Elisabetta la regina "italiana"*, Rai Libri) la giornalista Ilaria Grillini, facendo così "emergere" il parterre delle romane affezionate al mito della corona britannica, e sono tante. Si tengono in allenamento frequentando (o provando a frequentare) le ambasciate della capitale e facendo puntate all'estero mirate ad alimentare il culto *British*. Per il Giubileo di Elisabetta II le romane che non hanno casa a Londra hanno prenotato in anticipo il soggiorno per poter dire «Io c'ero» e partecipare alle feste celebrative che ogni londinese organizza nel proprio condominio con giardino; le romane hanno sempre un amico che vive o lavora nella City o un figlio che studia o lavora sotto il Big Ben. E sulla falsariga dei ricevimenti a corte, la capitolina da Emme chiede di allestire il tavolo imperiale quando invita a un *light lunch* le amiche per sdebitarsi degli inviti ricevuti o per il semplice piacere dell'amicizia.

TOTE BAG PER DIRE CHI SEI

Dimmi che tote bag porti e ti dirò chi sei. Nate come borse pratiche e soprattutto abbastanza ampie da poter metterci di tutto, e già note come shopping bag, sono diventate un vero e proprio *must* spesso in supporto alla borsa di base. Documenti, PC, corredo per la palestra o più "volgarmente" la spesa. Avevano iniziato a portarle gli intellettuali, gli artisti o i ragazzi con sensibilità *green*, ma adesso sono un accessorio trasversale, complice anche la guerra contro la plastica che ha conquistato persino le romane più devote alla borsetta griffata e riconoscibile. Ovviamente loro sono entrate a pieno nel gioco, hanno capito la potenzialità di immagine e di comunicazione che va oltre la praticità e quindi non porteranno mai una sacchetta di tessuto qualsiasi. La regina delle tote bag, quella che vince la gara a testimoniare «Io c'ero», è quella di tessuto a telaio diversa ogni semestre, e realizzata in occasione delle sfilate di Dior. Sfoggiarla nel Tridente, ma anche tra i murales di Shanghai (leggi San Basilio), significa far parte di quella manciata di fortunate che hanno ricevuto l'invito a uno degli show più iconici di Maria Grazia Chiuri (altra romana che merita più di un libro) da Atene a Parigi, fino a Lecce. Pur di partecipare a questa "competizione", alcune capitoline si sono prestate a portare in giro la maxi tote bag di Bottega Veneta: per il lancio della nuova boutique di via Condotti conteneva, per contrasto, un piccolo cartonato della talentuosa Bea Bonafini.

E visto che andare per mostre e anteprime è uno status symbol, la tote bag della galleria o del museo è diventata da collezione. Le shopper più ambite sono quelle di Villa Medici, che arrivano in dono alla preview con il catalogo, per restare poi (a pagamento) appannaggio nel bookshop per il resto del mondo. Alcune romane più *insider* di altre negli spazi indipendenti hanno adocchiato subito la tote bag d'artista commissionata da Vittoria Bonifati, curatrice dello spazio no profit Villa Lontana, all'artista Lorenzo Trivelli, a testimonianza che l'oggetto non è solo di culto, ma anche territorio di sperimentazione artistica. Vittoria, inoltre, è stata la prima ad aprire un dialogo continuativo tra antico e contemporaneo attraverso la Fondazione Dino ed Ernesta Santarelli, dove periodicamente organizzano mostre che mettono in evidenza questa scelta di ottima lungimiranza. Si tratta di un motivo maggiore di orgoglio che spinge le romane con la tendenza al collezionismo ad accaparrarsi un esemplare (spesso in tiratura limitata). Non sono sfuggite alle più attive, quelle con tendenza al mecenatismo, le tote bag di grandi dimensioni prodotte da Numero cromatico, il collettivo artistico che dà voce all'intelligenza artificiale e che attraverso la stoffa lancia il messaggio «SUPERSTIMOLO», scritto tutto maiuscolo (un mantra o un auspicio, scegliete voi): queste tote bag vengono concesse solo a poche elette in quanto numerate (da 1 a 100), e sono accompagnate da un certificato come è buon uso per ogni opera. Conquistarne un esemplare è anche un modo intelligente per sostenere la *new wave* creativa dell'arte che sboccia nella Capitale. Le romane più indomite, alla presenza dell'artista, si fanno autografare la tote bag fornendo loro stesse il pennarello con l'inchiostro indelebile. Insomma, questo accessorio è ormai la nuova frontiera del catalogo firmato, praticamente un "autografo su spalla".

GRAZIE PER LA VIA, PAPA GIULIO II

Le signore che abitano intorno a via Giulia, via Monserrato o piazza Farnese fanno la spesa a Campo de' Fiori mischiandosi ai turisti, ma conoscendo bene il territorio sanno quali sono i banchi da evitare. In un contesto che oscilla tra il turistico e lo storico – «Solo qui si trova sempre il mirto per il maialino alla sarda» esclama una romana DOC con cappotto cammello a vestaglia, scarpe da ginnastica, shopping bag un po' consumata, occhiali scuri e sottobraccio non la baguette, ma un mazzo di fiori per la tavola di casa –, le "local" seguono anche l'irresistibile traccia del profumo di pane che le fa assomigliare ai topolini del pifferaio magico. Si tratta del Forno Roscioli, in via dei Chiavari, che ha da poco compiuto i cinquant'anni ma non li dimostra. La sua pizza bianca, che non va scambiata per focaccia, è famosa in tutta Roma. Roscioli è una di quelle botteghe che hanno saputo stare al pari con i tempi. Dopo il forno, i figli del fondatore hanno dato vita a una salumeria d'eccellenza che ha tracciato la strada a tutti i locali "multitasking": oltre il banco della vendita al dettaglio, ecco i tavoli di un piccolo e ricercato ristorante dove hanno un posto fisso molti degli attori che abitano in zona. Hanno puntato inoltre sul bar bistrot, sempre a pochi metri (creando il Roscioli District) ma soprattutto sulla commistione con l'arte — sono esposte opere di Marinella Senatore, Luigi Ontani, Gianni Politi, Luigi Serafini, Giuseppe Stampone — che piace tanto a un certo tipo di romane cosmopolite; le stesse che hanno cominciato ad appuntare sull'agenda gli incontri di Forof (il progetto culturale di Giovanna Caruso Fendi) dove Roscioli ha conquistato un ruolo con la quota food, ovvero piatti creati in funzione della performance e delle installazioni dell'artista ospite.

L'ARTE CONTEMPORANEA, UNO SGUARDO SUL MONDO

Le romane si dividono in due macrogruppi. In cuor nostro, escludiamo le indifferenti al tema che a noi sta invece molto a cuore, vivendo in una città-museo perenne, dove continuano a incrociarsi le strade di artisti internazionali.

Diciamolo: l'arte è anche il motore di un grande gioco di società e le capitoline hanno imparato a giocarlo in Premier League. Anche chi non vive di arte prima o poi cade nella sua rete. Immaginiamo un marziano che, atterrato per volontà o per caso a Roma (Ennio Flaiano *docet*, il suo atterrava a Villa Borghese), smarrito si chieda: «Da dove posso iniziare per conoscere qualcuno e mettere un piede nella socialità della Capitale?». La risposta è facile: vai per gallerie e preparati una mappa di *opening*, diventa socio di un club di mecenati, iscriviti a un'associazione culturale, di quelle che fanno da "incubatore" ai futuri collezionisti. È tutto qui, non serve altro.
Per le romane l'arte è pane quotidiano, un divertimento che le gratifica e un passe-partout per creare un sistema di relazioni. Negli ultimi anni, con il mondo delle gallerie e delle fondazioni che allarga e modifica continuamente i suoi confini, questo passatempo è diventato anche un impegno.

La mappa degli spazi espositivi dove le romane *addicted* al rito del vernissage sono più presenti copre ormai una porzione molto ampia della città, inglobando scenari diversi, contesti urbani agli antipodi, centro e periferia senza soluzione di continuità, tenuti insieme dal filo rosso della socialità e della creatività.

La Galleria Nazionale è un posto che le romane hanno imparato ad assaporare concedendosi piccoli assaggi e ogni tanto una bella scorpacciata, vista la densità dei contenuti (collezione permanente e mostre temporanee, ma anche tanti incontri). La scalinata, poi, con i leoni di bronzo imponenti e sornioni come Roma, dello scultore Davide Rivalta, è un palcoscenico molto attraente anche solo per sedersi e rimirare la scalea speculare dedicata a Bruno Zevi, dove in estate appare come un miraggio nella calura il salotto del temporary cocktail bar Satyrus.

Sui gradini le romane conversano, e fanno la coda nelle prime domeniche del mese a ingresso libero. Una bella consuetudine che crea relazioni, insieme agli incontri culturali di approfondimento e alle presentazioni dei libri, in attesa dell'appuntamento annuale con le nuove otto signore selezionate per ricevere il Premio "Arte Sostantivo Femminile" e incoronate dall'associazione A3M nel corso di un evento in stile "summit" che raduna molte personalità pronte a celebrare la creatività e l'impegno delle donne. Nel palmarès delle quattordici edizioni compaiono romane eccellenti come la stilista Laura Biagiotti e Barbara Jatta, prima donna a ricoprire il ruolo di direttore dei Musei Vaticani, Dacia Maraini, Simona Marchini, Anna d'Amelio, co-direttrice della Fondazione Memmo. Nella lista degli irrinunciabili di Roma, aristocratica, sorprendente, barocca, disarmante, c'è la Galleria Borghese. Per le capitoline la bellezza abita qui, dove i capolavori di Canova e Caravaggio si sono incontrati spesso con le opere di artisti e stilisti legati a doppio filo con le pagine patinate di "Vogue" (*vedi* Damien Hirst, Mat Collishaw, Azzedine Alaïa). Abita qui anche la socialità internazionale, visti i capi di Stato in arrivo da ogni angolo dell'emisfero, che sfilano sotto gli occhi delle romane alla ricerca della perfezione. Le signore della Città Eterna si imbattono spesso nel derby scultoreo per eccellenza, Bernini vs Borromini, quando percorrono le scale a chiocciola dirimpettaie di Palazzo Barberini, sede delle Gallerie Nazionali di Arte Antica. Un'altra scala elicoidale, anticipata da un fregio sinuoso firmato da Francesco Borromini, produce (quasi) la stessa luce negli occhi delle collezioniste e assidue frequentatrici del mondo dell'arte: è quella dell'Accademia San Luca a Palazzo Carpegna, che racchiude cinque secoli di storia e di studio, e seleziona artisti non in base alle tendenze, ma ai contenuti di alto livello.

Del Museo nazionale delle arti del XXI secolo si scrive abbondantemente, senza soluzione di continuità. Le romane lo frequentano sempre, perché dentro e fuori le forme sinuose del Maxxi, disegnate da Zaha Hadid, accadono moltissime cose che hanno a che fare con l'arte, l'architettura, il cinema, il design, la musica, l'editoria. Le giovani romane vengono qui a studiare in compagnia (e poi fanno un break per l'aperitivo). Le mamme del quartiere portano i figli a giocare all'aperto nella piazza dedicata ad Alighiero Boetti, perché lo spazio è protetto. Le collezioniste con attitudine al mecenatismo, dopo aver aderito al "club" degli Amici del Maxxi, trovando un posto tra i donatori con oro, platino, argento, tra gli *American Friends* oppure militando tra gli anonimi, tirano la volata a ogni vernissage e ai non rari eventi di alta socialità. E ora il Museo nazionale di via Guido Reni si prepara a diventare il Grande Maxxi con Margherita Guccione (già a lungo direttore del comparto Architettura) alla guida del progetto, ambiziosissimo.

Al Macro di via Nizza, il museo d'arte contemporanea di Roma con la stessa vocazione del Maxxi a integrarsi nel proprio quartiere di appartenenza, le romane avvezze alla sperimentazione si radunano attorno all'auditorium a forma di cuore, disegnato dall'archistar francese Odile Decq.

Tra l'Arco di Giano e il Circo Massimo, in una posizione unica e irripetibile, la Fondazione Alda Fendi Esperimenti ha trovato la sua sede ideale nel Palazzo Rhinoceros, voluto da Alda Fendi e progettato da Jean Nouvel. Nella galleria al piano terra è un viavai di capolavori, pezzi unici come i dipinti di Picasso che sono collocati al centro di installazioni pensate dal direttore artistico della Fondazione, Raffaele Curi, con una robusta dose di eccentricità. Le romane difficilmente perdono un *happening*, dopo aver affollato gli "Esperimenti", dal 2005 ambientati in luoghi iconici: dall'antica Curia del Senato all'Antico Mercato del Pesce degli Ebrei. Il mecenatismo a Roma non dorme mai.

Poi c'è San Lorenzo, che non è più soltanto il Pastificio Cerere che ha dato i natali a un gruppo codificato di artisti (la Scuola di San Lorenzo); nuove gallerie hanno scelto questo quartiere a matrice popolare che accoglie e coltiva il rapporto con la street art. Gilda Lavia nel 2018 si è unita per aprire la galleria che porta il suo nome. Da fiorentina racconta che l'inizio è stato complicato, ma poi è stata apprezzata la continuità delle sue scelte e le proposte che puntano al confronto fra culture diverse. Ora è molto contenta dei risultati, e definisce «Roma la città dove si può costruire qualcosa di interessante». Nel quartiere stretto fra Termini e il Verano, le collezioniste, di varie fasce d'età, al grido di «Arte, che passione» passano immediatamente al tu, più amicale. Quando vanno a caccia di nuovi spazi creativi, le capitoline che amano unire l'utile al dilettevole abbinano anche una sosta al mercato rionale. Capita quando il sabato mattina hanno più tempo per approfondire, e allora arrivano da Matèria, la galleria di Niccolò Fano e Rossana Esposito con background londinese. In via dei Latini si appassionano agli artisti e al loro processo creativo, e qui infatti c'è una comunità intellettuale di riferimento: «San Lorenzo, da sempre, è in continua crescita anche grazie al fermento dello spazio indipendente Ombrelloni» dicono i galleristi mentre accolgono con modi molto cortesi le adepte capitoline.

COLLEZIONARE È D'OBBLIGO

Si fa presto a dire "collezionista". Ci sono le romane che non tradiscono la tradizione dell'arte antica o al massimo moderna, con almeno un Boetti e uno Schifano immancabili in salotto, e quelle più curiose attratte dall'arte contemporanea che hanno spostato le "vedute" di famiglia o i mobili ingombranti per fare posto a installazioni, dipinti, sculture di artisti che hanno scelto e frequentato, meglio se dopo uno *studio visit*. In entrambi i casi, queste signore sono consapevoli che le opere portate in casa parlano di loro, del loro gusto e della loro cultura; sono insomma un biglietto da visita. Gli americani lo avevano capito prima di noi, ma le romane hanno recuperato in fretta. Le sollecitazioni sono molte e anche le gallerie di arte contemporanea da frequentare. Però la capitolina si organizza e non perde una preview, o per lo meno recupera la visita nel fine settimana perché il territorio va monitorato e valutato costantemente. L'emulazione delle collezioniste trendsetter è una possibilità. Buona parte delle "professioniste" o aspiranti tali si ritrova in gruppetti durante le tre principali fiere italiane, Artissima a Torino, miart a Milano e Artefiera a Bologna; e anche se di recente quest'ultima ha perso un po' di smalto, le romane tornano, affezionate anche al tortellino.

Proprio a Bologna non c'è una sola collezionista della Capitale che non abbia messo piede almeno una volta ai ricevimenti di Ippolito Bevilacqua a Palazzo Bentivoglio, dove per anni sono stati presentati artisti ("solo show") nei saloni con il camino grande quanto una stanza. E poi ci sono le appassionate vere che aggiungono un salto al Frieze di Londra, all'Art Basel di Basilea e alla "costola" più glam di Miami. Di recente nel circuito è entrata a gamba tesa anche Art Dubai.

PREVIEW DELLA PREVIEW: UN MUST

Le romane che si muovono nella città dell'arte — una comunità organizzata che vive in un mondo notoriamente parallelo e di fatto autosufficiente, che basta a sé stessa per socialità, economia, e costume — si ritrovano in galleria, al museo o in fondazione, e non solo quando suona il "gong" dell'inaugurazione. Delle fondazioni, vanno per la maggiore la Giuliani a Testaccio, Volume nello storico quartiere di Trastevere, Baruchello nel Parco di Veio, la Memmo nelle ex scuderie di Palazzo Ruspoli, la Fondazione Alda Fendi Esperimenti nel Palazzo Rhinoceros all'Arco di Giano), al museo, e non solo quando suona il "gong" dell'inaugurazione.

Il vernissage è l'evento topico, la celebrazione che produce nuove categorie di inviti che equivalgono ad altrettante stratificazioni di ospiti. Preview, pre-preview, *dinner* con l'artista, visita guidata con sponsor, finissage. Le romane sono perfettamente a loro agio in questa società dell'arte che si autoriproduce classificandosi in tribù che dialogano al loro interno seguendo codici precisi. Si dirigono a questi appuntamenti consapevoli che non è mai una perdita di tempo, anzi: sanno di aver imparato comunque qualcosa in più sull'arte e sull'anima della città dopo aver salutato qui e là e dispensato sorrisi.

Se la mostra è già allestita, fremono per essere invitate alla preview della preview. Una sorta di step precedente all'*opening*, con l'upgrade dell'esclusività che sale di livello a seconda della "firma" che invita. Le romane sono un po' viziate dalla vita, amano avere il privilegio della scelta prima delle altre. In ogni caso, sono per lo più collezioniste preparate, ma anche storiche dell'arte, curatrici, artiste, galleriste, comunque sempre aggiornate. Il look è alternativo ma non troppo, con il nero minimal e destrutturato. La differenza la fa l'accessorio, che deve farsi notare: collana-scultura, borsa di Margiela, occhiali Mondelliani, il plissé di Issey Miyake: ora che la boutique L'una e l'altra di via del Governo Vecchio ha chiuso, indossarlo denuncia i frequenti viaggi a Parigi, magari per godersi anche una nuova installazione al Palais de Tokyo.

GALLERIE, IN ORDINE SPARSO

È diventata un'abitudine fare un salto anche in una piccola traversa di via Arenula che guarda un lato di Palazzo Piacentini, sede del Ministero di Grazia e Giustizia. Qui ha aperto i battenti da non molto la White Noise Gallery. In via della Seggiola si ritrovano quasi senza darsi appuntamento le romane che amano la ricerca di nuovi artisti, di nuove "frequenze creative" e che hanno fiducia nella capacità selettiva di Eleonora Aloise e di Carlo Maria Lolli Ghetti. La coppia professionale di galleristi è stata invitata a esporre anche a Palazzo Borromeo, sede dell'ambasciata d'Italia presso la Santa Sede, quando gli inquilini erano l'ambasciatore Pietro Sebastiani e la moglie Maria Cristina Finucci, artista e fondatrice del Garbage Patch State. Il progetto *Ora, sequel di Contemporanei a Palazzo Borromeo*, ha coinvolto gli artisti Clarissa Baldassarri, Cristiano Carotti, Polisonum, Alice Ronchi e Jonathan Vivacqua, in mostra accanto alle opere di Mario Ceroli, Michelangelo Pistoletto, Vico Magistretti, Gio Ponti e altri maestri. Stessa curatrice, Renata Cristina Mazzantini, e stesso concept di *Quirinale Contemporaneo*: «Aggiornare l'immagine delle sedi istituzionali tramite l'inserimento di rilevanti espressioni dell'estro e del genio degli artisti italiani dalla nascita della Repubblica ai nostri giorni». Solo alcune romane hanno avuto la soddisfazione di essere accompagnate in visita nelle sale presidenziali direttamente dalla consulente artistica.

Nel carnet delle capitoline almeno una volta deve entrare l'appuntamento con una visita alla "Collezione Farnesina", la raccolta d'arte contemporanea del Ministero degli Affari Esteri nata nel 2000 per volere dell'ambasciatore Vattani. Imperdibile l'opportunità di destreggiarsi nei corridoi del ministero tra le oltre 500 opere di artisti futuristi, metafisici, realisti, spazialisti, poveristi, concettuali.

Alle pendici del Gianicolo c'è la galleria Ex Elettrofonica di Beatrice Bertini e Benedetta Acciari. Lo spazio, riconosciuto come uno tra i più interessanti di Roma, è stato precedentemente lo studio di due architetti dello staff di Zara Hadid (quando era in preparazione il maestoso Maxxi) che qui hanno lasciato un'impronta indelebile di architettura "elastika"; termine nato dopo l'installazione ideata dall'archistar per Miami Design. Le collezioniste che frequentano l'appartato e sorprendente vicolo di Sant'Onofrio sono persone estremamente curiose, duttili e con una grande capacità intellettuale.

Le galleriste romane non si accontentano più di gestire uno spazio espositivo di stampo canonico, vogliono fare qualcos'altro. È il caso di Sara Zanin, in arte z2o, che gestisce una doppia sede: quella di via della Vetrina, dove alterna artisti *established* a giovani promesse, e un loft per i progetti speciali. Alle invitate nell'edificio su tre piani "arrampicato" sulla collina di San Saba viene offerta l'esperienza di una "ibridazione vincente". Ai livelli alti si trovano la residenza d'artista per lavorare ed esporre e lo spazio per le mostre spot, mentre al piano terra c'è l'appartamento della gallerista, teatro delle ambite cene postvernissage per poche elette.

In pieno centro, alle romane piace fermarsi nel cortile di Magazzino, in via dei Prefetti, dopo aver visitato una mostra, scambiato due chiacchiere e "strappato" un selfie all'artista. Sono le stesse che conoscono a menadito il vicolo de' Catinari dove Lorcan O'Neill, gallerista con allure e amicizie internazionali, organizza vernissage che riempiono gli spazi delle ex Scuderie di Palazzo Santacroce. E poi si fermano per prolungare la serata – una sosta praticamente obbligata – con un bicchiere di vino davanti alla splendida fontana barocca con la Venere che levita su un calice. Oppure sulla terrazza (per pochi intimi) che in primavera-estate profuma di limone e di tiglio.

A pochi passi da piazza Sforza Cesarini (le romane del centro si siedono da Luigi per un fiore di zucca infornato, non fritto) c'è la galleria Monitor, in cui Paola Capata ospita con grande perizia, triplicandosi con le sue proposte a Lisbona – dove alcune romane hanno trovato la terra promessa – e a Pereto, paesino dell'Abruzzo diventato piano piano meta delle romane in una felice gita culturale.

È tornato invece alle origini Rolando Anselmi, che ha aperto la sua galleria romana, dopo quella di Berlino, al piano terra di un palazzo residenziale (lo spazio ospitava un'officina) in via di Tor Fiorenza, nel quartiere dove è cresciuto. Un percorso *à retour* apprezzato soprattutto da un gruppo di collezioniste alla ricerca di nuovi stimoli, magari con un'impostazione filoberlinese.

INDIPENDENTI, OVVERO "NEW GENERATION"

SpazioMensa, Ombrelloni, Paese Fortuna, Post Ex, Numero Cromatico, Condotto 48 sono solo alcuni degli spazi indipendenti nati spontaneamente e lontano dagli usuali canali creativi ed espositivi, soprattutto durante la pandemia. Gruppi di artisti uniti dalla voglia di condividere la propria esperienza si sono aggregati in locali alternativi in periferia e organizzati con un implicito statuto che prevede collaborazione e confronto. Il loro "pensare altrimenti" che scavalca l'establishment dell'arte con intersezioni filosofiche, incursioni nella maieutica, manifestazioni performative, è stato accolto con entusiasmo dalle romane *addicted* a questo ambito e alla sperimentazione. Concluso il lockdown e rallentate le restrizioni, magari dopo un giro di *studio visit* (con tanto di mappa), le capitoline hanno acquistato con slancio e ottimismo opere da inserire nelle proprie collezioni accanto ad artisti più consolidati. Ora aspettano che le nuove realtà "facciano il salto". Tradotto: che gli artisti continuino con tenacia nel loro percorso e non considerino il periodo di ribalta come un traguardo già conquistato. Le romane non si tirano indietro, partecipano e supportano ma, alla lunga, vogliono i risultati.

AUDITORIUM PARCO DELLA MUSICA

Cosa facevamo nel tempo libero quando non c'era l'Auditorium Parco della Musica (ante 2002)? Esiste un prima e un dopo per le romane, soprattutto del quadrante nord. Lo pensano ogni volta che osservano la Cavea, la libreria, il bar, il porticato, i giardini pensili di questa struttura disegnata da Renzo

Piano e nata rincorrendo l'acustica perfetta e le forme esatte per godere della musica colta. Ora è una location *multitasking* dove si va per i concerti evento – l'abbonamento alla stagione sinfonica dell'Accademia Nazionale di Santa Cecilia è un *must* –, le mostre, i talk, gli spettacoli, le convention, i festival, i dj set, le performance di artisti musicali internazionali, gli incontri istituzionali, i "primi passi" sui pattini a rotelle... Sono molte le romane che la domenica mattina d'inverno puntano la sveglia per non perdere le "Lezioni di Storia" e trascorrere due ore in ascolto di studiosi, professori, autori di grande livello, introdotti da Paolo Di Paolo, e vivere l'emozione della cultura immergendosi in un passato che gli appartiene.

Il Parco della Musica, intitolato di recente a Ennio Morricone, ha "incantato" anche la topografia romana: quando fu inaugurato spuntarono ovunque, persino agli antipodi di viale Pietro de Coubertin, cartelli che indicavano la direzione per raggiungere il grande complesso multifunzionale. Un tormentone.

QUESTIONE DI CAFFÈ

Bere un buon caffè a Roma non è difficile. Gli indirizzi giusti sono molti, e le romane sanno bene dove andare. Lo vogliono macchiato o alla crema di latte o schiumato per non mettere lo zucchero, e quasi sempre chiedono il bicchiere d'acqua "purificatore" – ma a volte non c'è bisogno perché il barista lo abbina in automatico –, soprattutto quando non mangiano il cornetto (a Roma se chiedi il croissant o la brioche capiscono al volo che sei di fuori oppure che ti vuoi dare un tono). Il cappuccino è un po' in disgrazia, a meno che non sia con il latte di soia, senza lattosio, o parzialmente scremato. E poi dolcificante o zucchero di canna, il bianco raffinato di una volta è in disuso. Quando la quota giornaliera di caffeina ha superato la soglia di tolleranza (e si avvicina a grandi passi l'incubo della notte insonne), le romane chiedono l'orzo in tazza grande o ginseng. Nel pomeriggio si fa largo anche il decaffeinato. Le appassionate della materia ordinano con grande sfoggio al bancone del bar il caffè "al vetro" (una declinazione che si dice nata nell'area sud della Capitale) perché possono distinguere la sfumatura color nocciola dell'espresso, e poi con la forma affusolata del bicchierino si produce una cremina più alta e compatta, che per molte equivale a una gioia della vita.

Quando la romana è invitata a prendere un caffè in un bar che non la convince, impugna la tazzina al contrario, con il manico a sinistra, per non appoggiare le labbra sulla superficie più vissuta.

E guarda con disapprovazione (tutta femminile) l'altra metà del cielo, quando si appoggia sul bancone con i gomiti per consumare comodamente, incurante del resto del mondo e del vero significato del caffè "espresso".

"CARA" A CHI?

Sta accadendo una cosa bizzarra di cui si parla tra le romane a tavola al momento del caffè. Da qualche tempo, i camerieri e i baristi si rivolgono alle clienti con l'appellativo "cara", creando un certo sgomento in una porzione significativa, quella delle più sensibili, che ancora sgranano gli occhi e non riescono a considerare questa novità come una semplice concessione all'informalità dei tempi. Un tono confidenziale forse giustificato dal fatto che la pandemia ci ha resi un po' tutti uguali, tutti "sulla stessa barca". Trattasi, evidentemente, di voglia di essere gentili, accorciare le distanze e far sentire a proprio agio l'ospite del bar o del ristorante, un po' come se fosse ancora a casa sua durante il lockdown. Ben venga l'intenzione, ma va detto che le suddette signore romane non la prendono bene e farebbero volentieri a meno di sentirsi apostrofare in questo modo da un estraneo. Il termine *dear* o *darling* lo lasciano volentieri ai turisti. Anche perché, se il barista o il cameriere ti conosce veramente, conosce anche il tuo nome.

CAFFÈ TOUR

Detto questo, secondo noi vale la pena di ricordare alcune pietre miliari nella mappa infinita (quasi quanto le chiese) delle caffetterie romane.

Se devono fare bella figura con una location classica, nel classicissimo Tridente (con vista sulla scalinata di Trinità de' Monti e la Barcaccia), le capitoline portano gli ospiti che vengono da fuori a prendere un caffè, servito con un chicco ricoperto di cioccolato sul piattino, allo storico Antico Caffè Greco di via Condotti. Il locale, che conta più di trecento opere alle pareti e un salotto di velluto rosso con pianoforte, è stato il cenacolo di molti intellettuali e artisti, dal 1760 a poco tempo fa (Leopardi, D'Annunzio, Schopenhauer, Gogol, Guttuso, de Chirico...). Ma il fascino, anche per la romana abituata a convivere con la Storia a ogni angolo, è perituro, e per raggiungerlo è disposta a subire persino la folla di turisti sgomitanti fin davanti al bancone. I camerieri non fanno una piega e smaltiscono un numero di tazzine inverosimile alla velocità della luce. Nulla da invidiare ai colleghi di città definite, per cliché, più laboriose.

A Trinità de' Monti, complice il brivido della vista sui tetti centralissimi di Roma, c'è il Caffè Ciampini di Marco Ciampini (un tempo Cafè du Jardin), dove prendere un caffè al banco negli otto mesi di apertura annuali è come «Toccare il cielo con un dito». I camerieri, se hanno seguito anche solo una volta la cliente non turista, la seconda si ricordano esattamente cosa desidera. Se le romane hanno tempo, si siedono ai tavolini con al centro un piccolo giardino acquatico per le tartarughe, e si concedono il caffè con il gelato alla crema o il mitico tartufo al cioccolato che vale un viaggio anche da altre capitali.

In zona Pantheon si gioca invece ogni giorno il derby tra Sant'Eustachio il caffè e l'Antico Caffè Tazza d'Oro, che si annuncia a isolati di distanza con un aroma a cui è difficile sottrarsi. Preso d'assalto da politici, impiegati, artigiani, turisti, l'Antico Caffè Tazza d'Oro ha mantenuto il layout originale degli anni Quaranta, a partire dall'insegna esterna e dal logo con la seminatrice caraibica dal grembiule pieno di chicchi. Con la bella stagione, c'è la variante della granita di caffè con panna. Piccoli strapuntini nell'angolo per sedersi, e specchi fumé dove rimirarsi (la romana li adora perché la fanno sembrare un po' abbronzata, ma non troppo). Il competitor di zona che mette le signore davanti alla scelta di campo è l'altrettanto blasonato e (anno più, anno meno) coetaneo Sant'Eustachio. C'è una coda fissa di romane e di turisti, a qualunque ora del giorno e della sera. Non è il posto giusto per chi è abituato al rito lento del caffè, da sorseggiare seduti e accompagnato da due chiacchiere. Qui è più un "mordi e fuggi", anzi "bevi e fuggi", perché dietro decine di persone premono, e non c'è altra opzione che buttare giù velocemente e abbandonare la postazione. Tazzina bollente e zucchero a discrezione del personale, che provvede personalmente anche a girare il cucchiaino nella tazzina. Dunque attenzione, bisogna avvertire se si appartiene alla schiera di chi preferisce il caffè amaro. Quello vero è in tazza grande e doppio. Uscendo dal locale, le romane DOC non dimenticano mai di alzare lo sguardo verso la chiesa per ammirare ancora una volta il cervo che decora la facciata: la storia tramanda che tra le sue corna apparve una croce luminosa; era l'impero di Traiano. In questa basilica il parroco dei poveri don Pietro Sigurani ha portato avanti per anni una preziosa attività di accoglienza.

Da Sciascia Caffè, in zona Prati, si torna all'atmosfera dei primi del Novecento con uno sguardo alla Trinacria. Le romane possono fare una deviazione per gustare anche proposte alternative: con il cioccolato fondente, il gran cappuccino, la crema caffè… Il loro motto è: «Il caffè, per esser buono, deve essere nero come la notte, caldo come l'inferno e dolce come l'amore». Come ci si può sottrarre a tanta poesia?

Il Gran Caffè La Caffettiera in piazza di Pietra "controlla" il viavai davanti al Tempio di Adriano: ha una posizione privilegiata e lo sa. Politici facilitati dalla vicinanza di Montecitorio, scrittori che preparano la passerella del loro nuovo libro nell'edificio con le colonne corinzie ancora intatte (spesso, in estate, esaltate da giochi di luce e musica al tramonto), turisti che a Roma non mancano mai e si annidano ovunque, nostalgici della *tazzulella* di caffè con contorno di pastiera alla maniera di Napoli, e volendo anche un sartù di riso; le romane più indaffarate, o consapevoli di non poterlo eguagliare, possono persino prenderlo da asporto e risolvere in bellezza il pranzo della domenica. Le capitoline che decidono di accomodarsi nella sala interna della Caffetteria, classicamente arredata con specchi, poltrone e boiserie di legno scuro (in via di estinzione) per rendere l'atmosfera accogliente e assorbire meglio le conversazioni, sanno che si parlerà di argomenti riservati. Può accadere anche di vedere un centurione romano con elmo, spada e corazza al bancone mentre sorseggia un espresso. La prima volta si pensa a un'allucinazione, poi ci si fa rapidamente l'abitudine, come accade per tutto il resto in questa città che ne ha "viste di ogni" e vissute di tutti i colori.

A proposito, il pantone del rosso Roma è il 202C.

Il triangolo delle bevute di caffè (e molto di più, perché qui la socialità delle romane raggiunge vette altissime) è quello di piazza San Lorenzo in Lucina, un salotto a cielo aperto che cambia faccia in base all'orario. Le tre insegne di riferimento, Ciampini, Vitti (ex Europeo) e Teichner, la mattina si dividono le clienti a colpi di buon espresso e cornetti. All'ora di pranzo arrivano sui tavolini (un po' piccoli ma, si sa, nel centro storico ogni centimetro ha un valore) i tramezzini e i piatti freddi, per le romane che si ritrovano all'ora del *lunch*; nel pomeriggio è la volta delle mamme che portano i bambini appena usciti da scuola a fare merenda e poi li lasciano giocare nella piazza pedonale; all'imbrunire, largo alle giovani e agli aperitivi tradizionali con pizzette al pomodoro, frittini e olive.

Il Caffè delle Arti va bene sempre, d'inverno e d'estate, prima o dopo la visita alla collezione della Galleria Nazionale, o una delle numerosissime presentazioni di libri nella Sala delle Colonne (pubblicazioni selezionate e parterre interessante e interessato), o semplicemente a prescindere. La vicinanza con il verde, aristocratico e popolarissimo, di Villa Borghese, ne fa un posto attraente. Lo hanno scoperto anche le giovanissime che risiedono nelle vicinanze di Monte Parioli, preferendolo alla Villa Balestra, un po' spettinata negli ultimi tempi. Lo frequentano le romane che gravitano in zona quando hanno voglia di stare lontane dal caos centripeto. I *visitors* sono quelli che restano più colpiti dall'ambiente raffinato, che trasuda cultura senza tempo. Le romane hanno imparato rapidamente a cibarsi di questa atmosfera perennemente sospesa tra l'Art Déco e il garden. Previo un forte coordinamento di logistica e denaro, gli eventi possono tracimare all'interno dello spazio museale, che si tratti di convivi istituzionali di Paesi stranieri o di situazioni più intime. Invitare per un *dinner* nel Salone dell'Ercole è un colpo di teatro notevole. La scenografia incute soggezione, ma resta impressa per sempre.

DI EDICOLA IN EDICOLA

C'è un'edicola a Roma, sul Lungotevere dei Mellini, angolo Ponte Cavour, che ha il merito di aver fatto da apripista di un format che vince e convince (edicola 3.0). Alcuni anni fa, il nipote di una signora che per meriti di patriottismo aveva ricevuto in regalo da Togliatti questo chiosco per giornali non riusciva più a gestirlo. È stato rilevato dall'Eastwest European Institute (formazione ed editoria), che ha voluto creare un luogo diverso per far riavvicinare i lettori a quotidiani e riviste cartacee alzando il tiro, piuttosto che renderlo un bazar pur di sopravvivere, come stanno facendo la maggior parte dei gestori di edicole. A Roma è il chiosco più fornito di riviste internazionali, con un corner dedicato ai libri più venduti del mese e alla poesia. Oltre a proiettare notizie di politica estera ed economia da tutto il mondo su schermo (le news scorrono in tempo reale, in stile Times Square), forniscono anche un servizio di *conciergerie* per certificati, ricerca di personale, supporto agli anziani, e offrono una vetrina agli artigiani... Le romane che la frequentano hanno voglia di chiacchierare nell'agorà con un libro in mano e di sedersi sulle panchine in stile razionalista che sono disposte sotto i platani lungo il Tevere, dove i ragazzi dell'edicola, entrambi laureati, offrono il caffè se si acquista una rivista. Si è venuta a creare così una piccola e assidua comunità, soprattutto al femminile, che vuole confrontarsi sull'attualità all'ombra delle pagine e con il profumo della carta stampata che risveglia ricordi. E che non manca di partecipare alle presentazioni di libri il sabato.

Chiosco per chiosco, sempre con vista sul Tevere, ha conquistato adepte il Bibliobar, la prima biblioteca a cielo aperto di Roma con caffè letterario. Al tramonto, davanti a uno Spritz si può provare il brivido dell'incontro con lo scrittore di turno.

Sempre datato prepandemia è l'esperimento riuscito di un'edicola "non ordinaria" aperta a Borgo Pio – il quartiere nato per ospitare le maestranze in orbita del Vaticano –, fondata da quattro giovani imprenditori. Le romane della zona qui passano per fare scorta di riviste patinate colte, snack e patatine per l'aperitivo fast.

Altro sfondo, altra edicola. Doppiozero, locale ormai lanciato, ha adottato la vecchia edicola del quartiere (in via Ostiense, all'ombra del Gasometro che piace tanto a Ferzan Özpetek per i suoi set): Edoardo Marchese, il proprietario, ha conquistato l'approvazione delle romane, non solo di circondario, decidendo di rilevare e riqualificare la ministruttura e di rinunciare ad aggiungere tavolini e dehor alla sua impresa (familiare) in ascesa, dandole piuttosto una seconda vita con l'inserimento di libri. Una scelta affettiva, dovuta al fatto che fin da bambino associava l'acquisto del giornale al caffè, un rito al quale non si sente di rinunciare (evocando le atmosfere *bohémienne* di Parigi).

C'è edicola e edicola: pronunciando una sola parola, a Roma si può passare dalla laicità alla fede in un batter di ciglia. Per le romane, le edicole hanno letteralmente un valore "venerabile", anche perché tutti i quartieri ne hanno almeno una sacra a cui rivolgersi quando scatta l'"ora X" della preghiera e dell'invocazione silenziosa per superare le piccole difficoltà quotidiane. Tra le tante distribuite nei rioni, vince l'edicola di San Luigi dei Francesi di fronte a Palazzo Giustiniani, dove la romana, anche se di corsa, alza gli occhi in forma di saluto e di rispetto; ottagonale, stucco e baldacchino per incorniciare l'effige della Madonna Addolorata circondata da una ghirlanda di rose (il dipinto è una tela del Settecento di buona fattura). La Madonnella di piazza del Gesù, del XVI secolo, si dice che abbia pianto in seguito all'invasione francese di Roma del 1796. Va da sé che il giro delle edicole sacre di questi tempi, con l'aria che tira, è diventato irrinunciabile, e forse sovrasta quello per l'acquisto dei giornali.

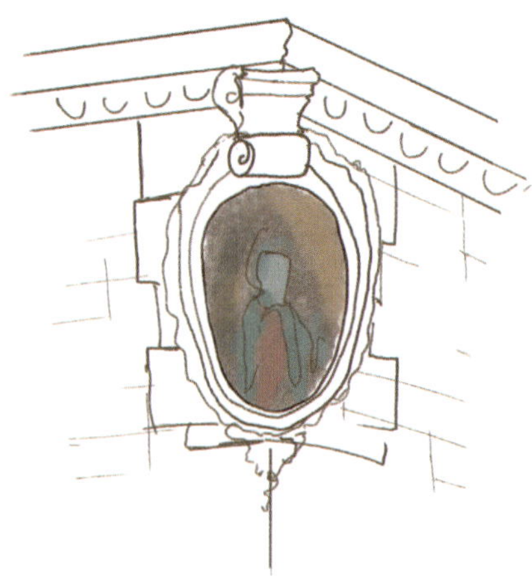

ARS ARTIGIANA

Si sa, soprattutto nel centro storico, dove l'assalto di rivenditori per i turisti è ai massimi livelli, trovare un vero artigiano è difficile. Le romane che abitano nell'area del Tridente indirizzano i loro passi verso Nazareno 23, che sopravvive con forza, e con noi. «Trasformiamo un'idea in un oggetto unico, in cui i difetti spesso diventano pregi» è il loro mantra. Un piccolo locale, tre scalette, e rotoli di pelle per creare borse, ringiovanire quelle un po' appannate o rimettere in pista i trolley monchi della ruota persa in viaggio. Massimiliano ed Emanuela sono la seconda generazione al lavoro in un laboratorio dove si respira il fascino di un passato prossimo, e dove il viavai delle romane alla ricerca di una meta concreta e risolutiva per l'assistenza "borsistica" è sempre intenso ed educato.
Per sentire l'odore del cuoio si dirigono anche in via dei Banchi Vecchi dove dal 1937 una bottega – da tre generazioni – continua a fornire pellame di tutti i tipi, appeso come lenzuola all'interno del piccolo spazio; qui viene alimentata l'attitudine creativa delle romane che vogliono costruirsi una cintura partendo da una fibbia preziosa, oppure trovare spunti per dare un twist a un accessorio che le ha annoiate. La titolare Rita Chiesa, quasi ogni giorno "supplicata" di non mollare, accontenta anche le richieste degli architetti e delle interior (designer).

LA STRADA PIÙ ESCLUSIVA E COSMOPOLITA DI ROMA: VIA DI MONSERRATO

Sono poche le romane che possono dire di essere membri effettivi di questo "club". Chi lo conosce e lo frequenta lo fa quasi sottovoce perché ha il terrore che venga travolto dalla popolarità anche questo angolo, che poi è una strada della Roma barocca, un paradiso per chi cerca bellezza e un tono alto dello shopping e dell'arte. Quasi a ogni numero civico corrispondono una bottega o un atelier che rispecchiano il vero significato del termine. Una miniera per le romane contrarie all'omologazione, che amano il risvolto più sofisticato della Capitale e soprattutto si sentono figlie del mondo. Qui c'è l'imbarazzo della scelta: per sfogliare questo "album illustrato" si può partire semplicemente da piazza Farnese, dopo aver gratificato cuore e vista con la facciata del palazzo omonimo, che rappresenta una citazione della *grandeur* francese: è stato affittato dal governo italiano come ambasciata di Francia a una lira all'anno, per 99 anni, dal 1936; oppure seguire il cuore e la necessità del momento. Qualcuna si limita a guardare le vetrine, qualcun'altra invece riesce a entrare nel *mood* di questo "mondo a parte".

Davanti al Bar Perù le romane che hanno figli e nipoti adolescenti camminano a passo svelto per non interferire con la loro autonomia nascente, oppure si fermano a prendere un caffè: una scusa per sbirciare come si muovono i ragazzi. In ogni caso, apprezzano che il cambio di gestione abbia mantenuto il pavimento originale e le iconiche illuminazioni "Punt e Mes": un punto di dolce del vermut e mezzo di amaro della china che Armando Testa ha fatto diventare un logo iconico, esposto anche da Galleria Continua al Marais, dove le romane filoparigine non si sono fatte scappare la "chicca". A proposito di insegne iconiche riferite ai liquori da bar, proseguendo sulla stessa strada in via dei Banchi Vecchi c'è un *brocanteur* dove le romane vanno per acquistare i simboli iconografici di un tempo che fu, tipo quelli del Martini o del Campari Soda. Vale la pena aprire un inciso: tra le romane sta tornando in voga l'angolo bar in casa; c'è addirittura chi inserisce nell'ambiente domestico un bancone completo di sgabelli rétro (o di design) per riprodurre l'atmosfera delle riunioni americane glam degli anni Cinquanta, che funzionano molto bene come collante sociale. Diciamolo: è il regno dei mariti che per gli amici si trasformano con grande felicità in bartender, e anche se non sempre il risultato coincide con le aspettative, la gioia è tanta e le mogli lasciano fare con accondiscendenza e tenerezza. Per una volta le romane non si pentono di aver concesso il campo alla parte maschile della famiglia, perché da manuale un barman è ordinatissimo nell'ottimizzare il rituale. E non si lamentano nemmeno quando vedono arrivare in casa la macchina del ghiaccio (che continua a produrre cubetti spezzando il silenzio della notte). Non stupisce che le capitoline tengano per sé il piacere e la gioia di andare a caccia dei memorabilia e degli oggetti da collezione (shaker logati, posaceneri vintage di hotel di lusso, bicchieri con scritte iconiche...) che contribuiscono a creare l'atmosfera.

Il pensiero va immediatamente alla bottega di Maurizio Bellacci, praticamente il paradiso dei paralumi (tutti rigorosamente cuciti a mano). Le romane arrivano qui da tutti i quartieri sfruttando con sapienza gli orari della ZTL (la zona a traffico limitato che crea una città nella città), munite sempre della base della lampada e di idee molto precise. La consapevolezza che le muove è semplice: il paralume è un oggetto che può passare dalla banalità della funzione al ruolo di catalizzatore del *lifestyle* e della conversazione, e questo è più che sufficiente per convincerle ad affrontare due ostacoli terribili: traffico e parcheggi. «Le romane hanno più carattere rispetto alle donne delle altre città, perché Roma stessa con tutti i suoi difetti è una città di carattere che non è ancora diventata un luna park» commenta l'artigiano in via di Monserrato dal 1960, quando la capitale era al massimo dello splendore, le auto erano pochissime e in via Veneto i caffè erano pieni di dolce vita.

Restando in famiglia, la romana Barbara Bellacci e l'australiana Madeline Hopkins si conoscono nel 1995: da quel momento amicizia e lavoro si intrecciano fino a creare quel "Big Bang" creativo che è Illuminami, lo spazio in via di Monserrato. Cuscini, carte da parati, piccoli mobili déco, poltrone anni Cinquanta, e un'attenzione speciale all'illuminazione: «La scelta di aprire qui è stata davvero felice» dicono le due socie, che sono diventate un punto di riferimento, anche come interior designer, per il look barocco e irriverente ma sempre sofisticato, che non si lascia sopraffare dalle mode: «Anzi, scherza sempre col passato e con il presente» aggiungono. Il *must* in questo salotto sono i paralumi e le lampade a forma di tamburello, realizzati con preziose stoffe inglesi o francesi.

Impossibile mancare l'atelier dello stilista Michele Capalbo, alias La Jolie Fille, saltato alle cronache quando Kate Moss ha indossato il suo chemisier rosa a Saint-Tropez, un pezzo che alcune romane hanno assolutamente voluto nella propria cabina armadio, classificato tra gli indispensabili. Un *must have* confezionato in mussola di cotone o seta, amato anche da tutto un giro di attrici anche internazionali (come Brooke Shields) che passano continuamente a trovare lo stilista nel suo salotto in cui il piacere del ricevere – oltre che del vestire – trova la sua manifestazione in piccoli cocktail periodici (champagne, tartine preziose, tazze di tè profumato e microbignè dolci), come si usava negli atelier di un tempo. Accade soprattutto alla vigilia di red carpet importanti come i David di Donatello, i Nastri d'Argento, la Mostra Internazionale d'Arte Cinematografica di Venezia, la Festa del Cinema di Roma, e il rinato

Film Festival di Torino che sta vivendo di nuova linfa col direttore Steve Della Casa. Il maculato sempre uguale nella stampa, ma che varia ciclicamente nelle sfumature di colore, non ha pari nel mondo dell'*animalier*: le clienti, non solo romane, che lo conoscono bene sanno che Michele Capalbo ha voluto riprendere un tessuto originale di famiglia degli anni Quaranta. E, per non impressionare le clienti, ha isolato il luogo dove è stata imprigionata la nobildonna romana Beatrice Cenci (nel lontano 1599, accusata di parricidio). Nel suo spazio non manca mai un trionfo di fiori di stagione, opera del bel dirimpettaio Dylan Tripp che ha lavorato nel comparto fashion di Fendi e Valentino, diventando in brevissimo il punto di riferimento delle "composizioni scomposte". Gli occhi verdi e l'atteggiamento deciso e zen del floral designer infondono serenità alle romane che accorrono ai suoi workshop come api attratte dal nettare dei fiori: il suo piccolo e curatissimo atelier, un'ex sartoria da donna, ha tutto meno che l'aspetto di una rivendita di fiori, e infatti non lo è. Sui banconi di legno grezzo Dylan crea le sue composizioni giornaliere e accoglie le signore – affascinate dal suo rapporto con i fiori e le foglie – desiderose di averlo come insegnante e disposte a seguirlo anche fuori città, nei suoi *retreat* in Toscana: tre giorni trascorsi a raccogliere fiori selvatici e ad assemblarli con il culto delle proporzioni. Tutte si stupiscono nel vedere una rete da pollaio che diventerà il loro segreto migliore per replicare quanto appreso durante le lezioni (che hanno la cifra di una meditazione).

Pochi passi e si volta pagina; altro spartito, stessa musica. Ecco lo Studio d'arte di Silvia Geddes e Marion Franchetti, l'Archivio di Monserrato, il concept store di Soledad Twombly diventato teatro delle sue ricerche di tessuti in giro per il mondo, e i due atelier di gioielli (una combo di design e glam) curati da Fabio Salini e da Delfina Delettrez-Fendi.

C'è poi Chez Dede, che si autodefinisce un *cabinet de curiosités* e che in dieci anni ha visto crescere la sua rete di influenza a colpi di icone e link internazionali. La romana fa roteare gli occhi davanti alle infinite sollecitazioni estetiche, ma soprattutto davanti alla capacità difficilmente replicabile di Daria Reina e Andrea Ferolla di creare un *unicum* armonico ed eclettico tra design, grafica, tessuti, gioielli, piccole edizioni di charme, accessori moda, arredi, piccole ceramiche, e via discorrendo. Qui sono di casa le capitoline blasonate e cosmopolite che amano incontrare ospiti con una storia esclusiva da raccontare e da condividere.

CI VEDIAMO DA GILBERT

Un artista e designer che si divide tra l'atelier di pittura e scultura, attività che lo impegnano fino a mezzogiorno, e il raffinato showroom decorato per esaltare le sue borse gioiello, che prendono spesso il volo verso le collezioniste d'Oltreoceano. Gilbert Halaby, dell'omonima Maison, è anche il trait d'union tra i romani del centro e la comunità internazionale, un jet set che fa giri immensi e poi approda a via di Monserrato. Una tribù che compra il giornale di carta, fa rete in piazza de' Ricci con un tasso di chic molto alto (nemica giurata del kitsch), la complicità del ristorante Da Pierluigi per aperitivi e pranzi e coltiva lo spirito di vicinato che è la forza della Roma dei quartieri. Gil, come lo chiamano da queste parti, è l'"animatore" e il fulcro di questo piccolo "regno indipendente" governato dall'estro, dall'eclettismo e dal buongusto. Quando riceve nel suo salotto profumato, conquistando l'ospite con caffè, tarte tatin e un'ottima conversazione, Gilbert chiude a chiave la porta di ingresso accanto alla vetrina, perché si concede a un solo interlocutore alla volta, al quale vuole riservare la massima attenzione. Si dedica alla scrittura di poesie (il suo motto è *I do what I do so that, When I am on my death bed, I can look back and smile*) e la sua mano esperta nel confezionare complessi e raffinati dolci francesi è il punto di partenza di piccoli ed estemporanei convivi, ad esempio in primavera per la stagione della torta tropézienne ai fiori d'arancio (tanto amata da Brigitte Bardot), infornata di venerdì e condivisa il sabato mattina, con un ristretto gruppo di amici e cultori della pâtisserie d'autore.

SANREMO MON AMOUR

La romana non ha dubbi riguardo al Festival di Sanremo. Lei lo aspetta, non prende impegni per quella settimana, lo dichiara; lo guarda e non se ne vergogna perché per lei non è una kermesse nazionalpopolare, ma un evento di costume. Anzi, è talmente coinvolta che durante le esibizioni pretende il silenzio assoluto intorno a sé. Infatti, invita a casa un gruppetto di amici e li avverte in anticipo che i commenti dovranno arrivare soltanto "a bocce ferme", o al massimo durante gli stacchi pubblicitari, unico momento durante il quale è permesso alzarsi per approvvigionarsi al buffet. Quello che la romana costruisce ogni anno a febbraio è un vero e proprio gruppo d'ascolto. Ma non si limita ad ascoltare le canzoni, quello che fa è soprattutto passare allo scanner gli outfit, e qui le fazioni sono quasi sempre due: chi è pro e chi invece è contro gli "sbrilluccichii", ma tutte concordano che il romano Alessandro (Michele, direttore creativo di Gucci) è il migliore. Dal 2022 le più fanatiche si sono lasciate coinvolgere anche nel FantaSanremo, e quindi ora sanno decifrare bene il significato di frasi e citazioni in codice come «Un saluto a Zia Mara» e «Papalina». Quelle che si sono fatte sfuggire l'opportunità di iscriversi al contest prima delle "cinque giornate sanremesi" sono comunque già pronte per partecipare al Fanta Eurovision Song Contest. Perché la romana, di fondo, sa giocare e si diverte.

ISPIRAZIONE LAGUNARE

Oltre ai "fantacanori" per le romane c'è anche un fanta-Biennale di Venezia, per scommettere sul padiglione che vince il Leone d'oro durante il concorso artistico più importante al mondo. Ogni due anni le amanti dell'arte, o semplicemente le *socialité* romane, partono dalla Capitale in treno, con la formazione preferita che è quella del gruppo, anche se qualcuna gioca "da solista" perché in possesso di inviti privilegiati (e non condivisibili). Ovviamente parliamo della settimana che precede l'apertura ufficiale, che è quella che conta per la concentrazione di preview. Le più agguerrite si preparano da mesi prenotando un appartamento in *co-housing* (quasi fossero, ma lo si può dire sottovoce, prove generali per vivere la futura stagione dei capelli bianchi in collaudata compagnia). Le altre romane (si ri)promettono che andranno più avanti, perché non possono mancare, magari sfruttando la scia delle associazioni come quella dei Giovani Collezionisti; giovani non in senso anagrafico, ma piuttosto perché agli esordi di questa "occupazione", culturale e social. Meno di quattro ore di treno veloce ed eccole catapultate nella città che, per ammissione di alcune, ha un fascino che può competere con la loro poliedrica Roma. Certo, però, «è più umida», un'aggravante non da poco. Scelgono lo stesso alloggio, se non hanno a portata di telefono un'amica che possiede un palazzetto o un pied-à-terre in Laguna, per visitare in prima battuta i luoghi istituzionali; attraversano i Giardini della Biennale e l'Arsenale con un occhio che fluttua tra lo sciovinistico e l'ipercritico (soprattutto quando si tratta di soppesare il Padiglione Italia), per passare poi agli show collaterali sparsi sull'isola. Nulla è lasciato al caso: durante il viaggio la romana non guarda soltanto il paesaggio che sfreccia fuori dal finestrino, ma con piglio manageriale programma minuto per minuto le tappe veneziane, non sia mai che perda un *save the date*. Adora spostarsi col taxi acquatico (e scattarsi tanti selfie come se fosse già alla Mostra Internazionale d'Arte Cinematografica, che cade a settembre) e dirigersi – quasi fosse un piccolo viaggio nel viaggio – nella restaurata isola di San Giorgio, dove Patrizia Sandretto Re Rebaudengo ha piantato la terza bandierina della sua PSRR, fondazione sabauda dal successo internazionale. E non è finito qui il gioco di società: nella manciata di giorni (anzi di ore) della permanenza veneziana, le romane partecipano su invito alle diverse feste, preferibilmente con affaccio sul Canal Grande, che la fanno sentire tanto Peggy Guggenheim. Qui sfoderano i loro look privilegiando, per una volta, il nero che dona un'allure intellettuale, combinato con macrogioielli, meglio se d'artista (bingo!).

Per le romane Venezia è sinonimo di Lido e di anteprime cinematografiche, di red carpet e abiti da gran sera. Anche qui sono presenti con determinazione. Ancora meglio se hanno come amica una delle brave produttrici nate e cresciute nella Capitale e nutritesi dell'ancestrale cultura cinefila della (Cine)città.

TRA SALE E ARENE

In fatto di film, le romane sono davvero molto presenti non solo alle anteprime che movimentano infinite serate durante tutto l'anno; d'estate ci sono le arene all'aperto in piazze importanti, con un passaggio straordinario di artisti internazionali e di intellettuali. Ma frequentano anche le *matinée* per le addette ai lavori: hanno per questo una visione completa in fatto di film e di autori. Insomma, siamo tutte delle critiche cinematografiche (in un mondo di allenatori di calcio e di virologi), e per questo da romane abbiamo sofferto e soffriamo ancora parecchio, non sempre in silenzio, per le sale di quartiere che hanno chiuso i battenti (o cambiato destinazione d'uso) negli ultimi anni. Tuttavia dopo il lockdown, il cinema è tornato pian piano a essere una certezza, il rifugio rassicurante per quando, nei mesi più freddi, il weekend fuori porta salta. La domenica, lo spettacolo delle 17 e poi una pizza veloce con gli amici più stretti, quelli che puoi chiamare anche all'ultimo momento, che hanno la stessa passione per il grande schermo (e sono abili nei commenti postproiezione), sono un toccasana prima di iniziare una nuova settimana. Le stesse romane spettatrici restano a leggere tutti i titoli di coda ed escono soltanto quando si accendono le luci. È sempre più raro l'applauso finale. A questo punto, scatta la lista ragionata dei cinema più gettonati: il Quattro Fontane e l'Eden (con la loro allure intellettuale e filofrancese), il Farnese (diventato nel frattempo Arthouse, che ha ampliato il raggio di azione), l'Adriano (la multisala come te la immagini, con parcheggio e ristoranti a portata di mano), The Space Moderno (schermo curvo avvolgente e sonoro perfetto).

Quando arriva la bella stagione c'è la gioia delle arene all'aperto con il ponentino di sottofondo, se non addirittura il rumore del Tevere all'altezza dell'isola Tiberina con la rassegna "Isola del Cinema" (gemellata con la Senna parigina). Le romane si danno appuntamento volentieri anche in piazza San Cosimato o nella rinata piazza Vittorio. E sono molto orgogliose dei ragazzi del Piccolo America, guidati da Valerio Carocci, che hanno rivitalizzato l'ex cinema Induno, restituendolo alla città come Cinema Troisi, riacceso a pochi metri dal Sacher di Nanni Moretti, una sala di nicchia che ha sposato di recente la causa delle spettatrici affezionate ai film in lingua originale. «C'è chi sostiene che per raccontare belle storie basta guardarsi attorno. Io non ci credo, perché se così fosse i vigili urbani sarebbero tutti Ingmar Bergman» diceva il genio che ha firmato *Il postino*. I promotori di questa nuova impresa con caffetteria e sala studio aperta 24/7 hanno spostato l'attenzione delle cinefile zona Trastevere sul "saluto al pubblico", con dibattito affidato ad autori e cast. È la frontiera alternativa alle première, che puntano invece sulla sfilata di ospiti, sugli inviti e sui fotografi in assetto di anteprima: meno formalità e più sostanza. Poiché le romane vivono in una città che parla tutte le lingue del mondo, nella loro agenda sono sempre presenti i cinema come il Nuovo Olimpia, con proiezioni in lingua originale, in un vicolo della centralissima via del Corso (bisogna conoscerlo per scovarlo). Salgono anche le quotazioni del piccolo spazio nel cuore di Villa Medici intitolato a Michel Piccoli.

Il Cinema dei Piccoli è una poesia fuori e dentro. Le mamme lo adorano, portano i bambini alla visione di proiezioni adatte alla loro età, accanto alle giostrine di Villa Borghese e alla Casa del Cinema, dove possono prendere un caffè e frequentare anche le rassegne settimanali e le mostre a tema. A due passi da largo Fellini, dove inizia via Veneto e dove i marciapiedi potrebbero parlare per quante ne hanno viste, vive la contessa Marina Cicogna Mozzoni Volpi di Misurata, icona di stile, cugina di Luchino Visconti, amica di tutti i più grandi, che ha trascorso la sua infanzia al vicino hotel St. Regis: la contessa è stata la prima produttrice a imporsi in un mondo fino a quel momento esclusivamente maschile.

QUANDO IL CINEMA È "IN" CASA

Nella Roma che sta rispolverando prepotentemente il vecchio standard della Hollywood sul Tevere, ci sono capitoline che si danno molto da fare per intercettare le produzioni cinematografiche e offrire la propria casa come set. Inutile precisare che nell'agenda conservano molto gelosamente i contatti delle location manager che fanno scouting tra Parioli, Prati, Lungotevere, Testaccio; meno in centro storico per evidenti problemi di logistica. Quando hanno bisogno degli sfondi di Roma antica c'è lo storico set di Cinecittà, che ospita anche le sfilate di AltaRoma ("incubatore" dei designer di domani, dove le capitoline se possono vanno a sbirciare con divertimento). Pochi giorni di trambusto per le riprese e un buon introito assicurato, visto che poi torna tutto magicamente al proprio posto, da contratto. Qualcuna dichiara il business, altre preferiscono tacere per non doversi giustificare.

IL CINEMA VAL BENE UNA FESTA

Da sempre le romane sono impegnate tra provini, accademie e centri di formazione per il teatro e il cinema in grado di produrre continuamente nuova linfa, mattine trascorse ai bar di Prati per discutere una sceneggiatura, serate sui red carpet dei premi di varia genesi, come i Nastri d'Argento, i David di Donatello, i Globi d'Oro (questi ultimi consegnati dalla stampa internazionale). Ogni romana ha nel proprio giro di conoscenze almeno un'attrice, una regista, una scenografa, una costumista, una truccatrice, una doppiatrice, una produttrice. E poi le press agent, che muovono le fila dietro le quinte e sono le persone a cui chiedere eventuali aneddoti di prima mano. Festival, premi, rassegne, anteprime, quante serate trascorse con la settima arte! Su un aspetto le romane stanno dimostrando una buona dose di lucidità: la consapevolezza che la Festa del Cinema di Roma e la Mostra Internazionale d'Arte Cinematografica di Venezia sono due cose diverse. Ben piantate nella realtà, vanno al Parco della Musica Ennio Morricone da protagoniste, calpestando, in abito da sera, il tappeto rosso che inonda la Cavea dell'Auditorium progettato da Renzo Piano, oppure da spettatrici, felici di poter partecipare a un'anteprima, perché essere in anticipo rispetto al resto del mondo rientra a pieno titolo nella loro mission.

BURRACO, MANIA SUI SETTE COLLI

È lo sport "nazionale" delle romane, una vera e propria mania che funziona, in modo anche involontario, da aggregatore sociale. Scoprire che la conoscente condivide la tua stessa passione per il burraco te la fa sentire vicina come un parente prossimo o un'amica vera. Perché sai che in qualunque momento potrai ricorrere a quella parola magica di sette lettere per aprire un mondo, una confidenza, partecipare a tornei nei circoli di burraco o nelle club house dei circoli di golf, come la comunità dell'Olgiata, o ancora in ambiti domestici. Il gioco, che ha una leggera componente di fortuna – possedere più o meno pinnacole o pinelle fa la differenza sul risultato finale –, affonda le sue radici in Uruguay verso la metà del XX secolo e, importato in Puglia negli anni Quaranta, si è diffuso nella capitale a macchia d'olio (pugliese). L'ulteriore particolarità è quella di essere trasversale, di non avere età, perché sedute al tavolo verde a realizzare scale di sette carte dello stesso seme si mischiano le generazioni: la nonna fa coppia col nipote, la suocera con la nuora, il marito con la moglie. Il burraco, definito da alcuni il figlio illegittimo della canasta, a sua volta figlio illegittimo del bridge, trasforma così le eventuali piccole incomprensioni coniugali in complicità che facciano raggiungere la meta dei 2005 punti.

Le romane, comunque, quanto a capacità di aggregazione in ambito ludico, sono delle fuoriclasse. È sufficiente considerare il loro atteggiamento nei confronti del derby calcistico: ogni città ne ha uno, ma quello della Capitale fa rumore dodici mesi all'anno, come per le "sfide interne" milanesi e torinesi se non di più (e se non altro perché Roma, per estensione, è sette volte Milano). Nelle romane albergano le passioni. Esistono due tipi di tifose: quelle vere, che conoscono il significato del termine fuorigioco, e quelle che lo sono diventate per amore coniugale o filiale, ospitando gli amici quando mariti e figli non vanno allo stadio e sfamandoli quando sono stremati dal tifo davanti alla TV.

La romana insomma è generosa, partecipa sempre, anche quando rimane a bordo campo (e non è nemmeno nel ruolo, seppure dignitoso, di guardalinee).

DI CARCIOFO CE N'È UNO

Nei menu di tutta Italia spesso si legge "Carciofo di Campo de' Fiori". È vero: esiste e lo vendono la mattina all'ombra di Giordano Bruno, ma non è una nuova qualità e soprattutto non arriva su tutte le tavole dei ristoratori fuori dalla Capitale. Il nome esatto del carciofo romanesco è "mammola". La capitolina che lo cucina lo sa bene. E sa anche che ci vuole esperienza e calma sia per quello "alla giudia" (fritto) sia per quello "alla romana", con la mentuccia. In alcune vie della Capitale si sentono colpi sordi e ritmati dei ristoratori che cercano di aprire le foglie snervandole (come fossero un polpo siciliano) per renderle più morbide. La romana non si scompone, anzi, apprezza perché ne immagina il gusto unico e la forma sferica, da non confondere con l'altrettanto gustoso "cugino" pugliese con la corolla allungata.

Nei mercati veraci esistono i "carciofari", che vendono anche la versione già pulita e pronta per la padella, quella con il kit perfetto per non farli annerire: il sacchetto trasparente con un quarto di limone e gli "odori".

Molte romane preferiscono acquistarli *nature*, perché prima di presentarli nel piatto li espongono come farebbero con un mazzo di fiori al centro della tavola, e perché sono affezionate all'usanza delle foglie "sfogliate" come una margherita a cui si chiede «M'ama o non m'ama».

Il massimo del rito lo percepiscono quando si addentrano tra i vicoli del Ghetto, dove in stagione il *take away* del carciofo appena fritto la fa da padrone. A pochi metri dal Portico d'Ottavia è noto che lo si mangia con le mani come le chips, passeggiando nella Storia. Chi vuole sbirciare il "dietro le quinte" raggiunge il ristorante Giggetto al Portico d'Ottavia, dove uno specialista ogni giorno tenta *en plein air*, davanti all'ingresso, di battere il record di carciofi puliti in velocità e perizia. Anche le più giovani portano avanti la tradizione con saggezza e arguzia, affermando senza riserve che «il Paradiso è fatto senza dubbio di carciofi» (frase carpita davanti a un piatto di lasagne farcite con questo preziosissimo ortaggio).

QUI UNA VOLTA ERANO SOLO PRATI

Incredibile pensarlo, ma un tempo il vasto quartiere di Prati, collegato al centro storico da tre ponti, non esisteva, era solo una distesa di verde. Stranezza nella stranezza, i suoi residenti usano poco la bici pur essendo questo uno dei pochi quartieri pianeggianti e preferiscono molto di più andare a piedi. Casa e ufficio sono nello stesso quartiere come per E.T. («telefono, casa»). Vanno dalla salumeria De Carolis, sono affezionati alla libreria di quartiere Il Seme, frequentano il rassicurante ristorante La Fiorentina o Da Dante, che ha un grande viavai di registi e autori Rai, e poi il bar Vanni e Achilli Caffè (ex Settembrini); qui chiunque voglia lavorare nello spettacolo si siede nella speranza di "agganciare" la persona giusta, vista l'alta concentrazione di uffici di produzione e di agenzie di casting. Si dirigono nelle trattorie senza sperimentazioni come Cacio e Pepe, dove la pasta è cotta al punto giusto con l'anima duretta, prendono il caffè da Faggiani o da Sabotino (l'ex Antonini dove le romane sono sempre andate per acquistare un vassoio delle iconiche tartine salmone e maionese), e le pastarelle per il pranzo della domenica. In fatto di abiti, se le pratoline vogliono essere à la page, vanno da Biesse perché qui l'abbigliamento contemporaneo non è mai chiassoso. E il martedì mattina si affacciano al Mercato dei Fiori dalle 10 alle 12, perché in casa non possono mancare. Una bella abitudine che va avanti dal 1965, ora però destinata a interrompersi. Il rito si trasferisce infatti sulla via Togliatti, negli spazi decentrati del Centro Carni, dove non ci sono residenti a ridosso della struttura che possono essere infastiditi di notte dal traffico e dal rumore del carico/scarico. La zona sulla via Prenestina, dove immaginiamo dirigersi tutte le romane affezionate all'acquisto di fiori potendo contare su una scelta infinita, è già entrata nell'immaginario delle signore che almeno una volta sono andate in visita all'Esselunga: uno status symbol che avevano invidiato per tanto tempo al Nord Italia e che ora si staglia a portata di auto con la sua architettura brutalista sormontata dall'insegna «SuperStore» a lettere cubitali. Una visita, due visite, il tempo di metabolizzare la meraviglia e l'orgoglio, e poi subito mano allo smartphone per ordinare la spesa a domicilio sui furgoni gialli, riconoscibili in tutta la città. Tornando a Prati e alle sue residenti, va detto che orbitano nella grande via commerciale che porta il nome del condottiero Cola di Rienzo, dove troneggia la sede madre dello storico emporio Castroni. Qui la romana trova le spezie, gli ingredienti, le caramelle e il caffè di tutti i tipi come nelle drogherie di "un tempo che fu". Questo è il quartiere del Tribunale, del Palazzo di Giustizia (che i romani chiamano "il Palazzaccio" per la sua architettura neobarocca), della Rai con l'emblematico cavallo (nervoso) di Francesco Messina, e dei suoi teatri – il Vittoria in cima – dove tutto sembra scorrere più sereno rispetto ad altre zone.

VIA PROFUMATA

C'è una strada nel centro storico di Roma di cui Grenouille, il protagonista del romanzo bestseller di Süskind *Il profumo* (pubblicato nel 1985 ma ambientato nella Francia del XVIII secolo), andrebbe orgoglioso. Da alcuni anni, se la romana non omologata cerca un profumo particolare va nella raffinata via Vittoria, dove si susseguono le boutique olfattive attente al lusso delle materie prime.

Il primo atelier che ha dato il "la" alla via dal forte potere seduttivo è stato l'Olfattorio. Il suo Bar à Parfums è un'esperienza da vivere, perché i calici da degustazione si assaporano a occhi chiusi, senza bere, ma con l'olfatto. E il viaggio per la costruzione del profumo ideale è meraviglioso: le "accompagnatrici turistiche" vanno per esclusione fino ad arrivare alla meta perfetta e indimenticabile, il proprio profumo. E il "su misura" piace molto alle romane, che a volte portano una fragranza anziché un'altra a seconda delle stagioni, dei giorni o addirittura delle ore.

E poi ci sono Campomarzio70, Dr Vranjes Firenze, Ortigia, Culti House Roma, Pantheon Roma. Quest'ultimo atelier à parfum racconta, attraverso i loro profumi, la storia d'amore tra Raffaello Sanzio e la sua Margherita. A conferma che le essenze evocano ricordi ed emozioni: una delle fragranze, luogo di passione tra i due, si chiama Trastevere.

Allungando il passo verso via del Babuino, le ben informate sanno che il massimo della coccola raffinata è il *body butter* alle orchidee Carnal Flower (chi la regala vuole lanciare un messaggio e ha visto nella romana qualcosa che va oltre) del francesissimo Frédéric Malle, ottimo per gratificarsi, mentre nell'atelier del marchio *British* John Malone si va soprattutto per le candele profumate, ma non solo. Ha creato una comunità di *addicted* anche il "naso" professionista Laura Bosetti Tonatto, di cui abbiamo già parlato: le sue fan diventano amiche in un istante perché il profumo accende memorie confessabili e inconfessabili, e loro passano spesso in via dei Coronari anche solo per tenere allenato l'epitelio olfattivo. Qui hanno imparato a riconoscere le sfumature delle essenze, che evocano opere liriche, giardini esotici e stanze vaticane.

Le romane vengono solleticate all'acquisto dal salumiere con un formaggio al tartufo, al mercato con un cesto di fragole, e nei negozi del Tridente con un profumo che diventa parte dell'esperienza di shopping attraverso il marketing olfattivo. Ma loro, sottoposte continuamente a sollecitazioni estetiche che allertano tutti i sensi, difficilmente soccombono alla "trappola" adottata da ogni buon commerciante: sfruttare l'olfatto per indurre all'acquisto anche i portafogli più serrati.

VINIL PASSIONE

Le romane che desiderano fare un regalo originale e dal sapore iconico in fatto di musica chiedono a Claudio Donato, da non confondersi con il rétore Tiberio Claudio Donato vissuto nel V secolo (in questo caso sarebbero necessari gli oracoli). Donato è fondatore storico di Goody Music, casa di produzione e tappa obbligata per generazioni di deejay che in questo shop-ri-

trovo di via Flaminia – nel tratto al di là della Porta del Popolo, quasi una prosecuzione naturale di via del Corso – sono passati almeno una volta per acquistare o noleggiare le consolle. Due nomi su tutti di romane internazionali che si sono formate nella location: Adiel e Silvie Loto. Cambiano i tempi, e il locale di vinili ha sviluppato una "costola" *food* nata dall'incontro con Nanni Clerici, che in breve tempo è diventata il punto di riferimento del quartiere Flaminio (Dacia Maraini passa da qui all'ora del *breakfast*). Le capitoline che amano la musica, e coltivano piacevoli ricordi della vita notturna degli anni Ottanta con Claudio Donato, lo frequentano per un aperitivo o un pranzo veloce, e poi si recano al numero civico accanto e comprano con trasporto i vinili per il marito. Il gesto di scegliere, ascoltare e conservare i 33 giri è molto più affascinante che accendere Spotify. Goody 1976 nasce anche dalla voglia di continuare a raccontare una storia "musicale" abbinata al food come nei diner, regno di Fonzie nella serie cult *Happy Days*. E la scritta «Recording» si staglia dove un tempo si registrava la musica e ora i cuochi incidono le note per il palato.

IL BUEN RETIRO: MAREMMA O CIRCEO?

Maremma toscana o Maremma laziale, le romane non sentono ragioni. Il pied-à-terre ideale per vivere le gioie della campagna a un passo dal mare ha un indirizzo preciso sulla carta geografica a nord della Capitale. Per dovere di cronaca va fatto un passo indietro: fin dalla nascita le capitoline hanno la strada segnata verso le località di vacanza fuori porta. Le due macroaree più eclatanti, quelle che fanno più rumore social perché presenti ogni giovedì nelle conversazioni preweekend, sono il Circeo e l'Argentario con tutti i loro corollari. Da sud a nord, in ordine sparso per la latitudine: Sabaudia, San Felice, la Baia d'argento e quella azzurra, Sperlonga, Formia, Gaeta, Ponza, Palmarola. Pescia Romana e Pescia Fiorentina, Ansedonia, Porto Ercole, Porto Santo Stefano, Manciano, Magliano, Giannutri, Giglio, Talamone (ci scuseranno i lettori se abbiamo omesso qualche destinazione, ma il presente, si sa, è «sempre più liquido» come diceva il filosofo e sociologo Bauman). All'interno di ognuna di queste zone di influenza, le romane si muovono con grande agilità, pronte a raccogliere inviti serali senza sentire il fastidio di doversi spostare in auto fra un desco e l'altro. Va messo in conto che la macchina è essenziale; le più astute e *habitué* hanno una utilitaria pronta nella stazione ferroviaria locale.

La differenza salta all'occhio già con il corredo da fine settimana che la vacanziera h48 stipa nel borsone a mano (chi arriva con il trolley è guardato con il sospetto di essere inadeguato, unito alla minaccia della "lunga sosta"): per dirigersi a sud, dove lo scenario naturale è più protagonista (tendenza sauvage), metterà in valigia soprattutto caftani e parei anche per la sera, perché l'aperitivo si fa in spiaggia al tramonto (in realtà è una no-stop dal mattino). Se diretta verso il nord, invece, il fardello della romana si fa più pesante, perché oltre al kit per le uscite in barca – tutte si ritrovano ai Sassi Rossi o a Giannutri senza nemmeno il fastidio di accordarsi sull'ora durante il rito del caffè mattutino –, sono necessari più cambi mirati per la sera (pantaloni bianchi in cima alla lista). I migliori convivi del sabato sera nascono davanti a un espresso ordinato al Bar del Porto (il Baretto di Porto Ercole fondato nel 1986 purtroppo ha appena chiuso i battenti), al bar Santo Stefano o al dehor di Cala Galera, da Vinicio ad Ansedonia, o alla Mandria per la zona di Capalbio, dove oltre a incontrarsi si commentano – mazzetta di quotidiani alla mano – i fatti del giorno, soprattutto politici. Immancabile, per chi esce in barca, l'appuntamento al tramonto davanti al molo a palafitta dell'hotel Il Pellicano – dotato di uno charme che arriva da lontano – per un ultimo bagno e un aperitivo prima del rientro in porto; più che un ingorgo, una passerella dove ogni volta le romane fanno la "spunta" di chi c'è e chi non c'è.

Al Circeo, invece, il caffè si prende o a casa o al bar dello stabilimento Le Dune, oppure alla Spiaggia di Carbonelli e allo storico e inossidabile Saporetti. I due fratelli, il colto Gino e il più *wild* Claudio, hanno mantenuto l'attività cinquantennale del padre ad alto potenziale organizzativo. Durante il giorno, oltre alla tintarella, si può fare una piega grazie alla spazzola dell'abile Costantino, un'istituzione al Circeo. L'aperitivo al tramonto è un *must* nel patio sul mare di St. Bar, che la musica contribuisce a trasformare, a ogni calar del sole, in una location che non ha nulla da invidiare ai più famosi ritrovi di Ibiza (vedi il Cafè del Mar). La sera lo stabilimento si trasforma in un ristorante ipermondano – politici, gente dello spettacolo, intellettuali – dove in stagione bisogna giocare d'anticipo o conoscere almeno uno dei due fratelli, altrimenti non si trova un tavolo e soprattutto si perde lo spaghetto Saporetti. Rito nel rito, il folcloristico piatto da portata di metallo lasciato di fronte al personaggio più influente della tavolata o al capofamiglia; insomma, chi pagherà il conto viene individuato sull'esperienza.

I due "blocchi" sono a tal punto compatti che le romane che fanno la spola tra la Feniglia e la Tagliata magari sono state una sola volta sulla lingua di sabbia, all'ombra del promontorio, della maga Circe, dove la fa da padrone il ricercato Hotel Punta Rossa. A proposito di *rouge*, per le romane la Locanda Rossa, almeno una volta l'anno, è un *must*. Nata diversi anni fa, nel tempo la proprietà ha scelto la via impervia dell'eccellenza ed è stata ripagata dagli sforzi. Un certo numero di famiglie della Capitale, le stesse da dieci anni, vanno a Pasqua e nel mese di luglio ovviando alle complicazioni di una seconda casa. I figli sono cresciuti lì e molti sono diventati amici tra loro. Piccole auto elettriche accompagnano gli ospiti alle varie attività disseminate nei 21 ettari di campagna toscana tra il magico Giardino dei Tarocchi di Niki de Saint Phalle e il mare. Ogni anno all'ora dell'aperitivo si abbassa l'età anagrafica dei frequentatori, e anche l'happy hour si adegua. Infine ci sono gli appuntamenti fissi con il pilates, la zona beauty e, ciclicamente, con le "chicche" del pop up firmato Eklettikarte (la giusta dose di eccentricità per le romane che hanno già tutto).

COUNTRY CHIC?

In campagna — a Capalbio, sotto il quale vengono inserite anche Pescia Fiorentina e addirittura Pescia Romana; Canino; i dintorni di Viterbo e la dolce Umbria — o al mare — sempre Capalbio, e poi Porto Ercole e il Circeo — la convivialità è mista e si sviluppa dall'aperitivo al tramonto e oltre. In questo caso, raramente le cene sono sedute ma sono a buffet. A pranzo sono sulla spiaggia o in barca.

Le romane si vantano con grande soddisfazione di aver trovato lo stock di trenta o più piatti da Limentani al Ghetto, o all'Ikea. E se ne viene rotto uno, non ha importanza. Il look delle signore in vacanza, in questo caso, strizza l'occhio al caftano che risolve brillantemente la questione praticità e originalità, e comunque si affida ai riferimenti etnici, citazioni di un luogo appena visitato che permette di contare non solo sull'eleganza, spesso total white o total black, ma soprattutto su un nuovo argomento di conversazione. E il bijoux di grandi dimensioni è d'ordinanza.

Il regalo di ringraziamento è di solito una pashmina comprata sulla spiaggia, oppure "Udite, udite" i libri acquistati (in genere) nella libreria — e cartoleria, una parola dal suono meraviglioso — Bastogi di Orbetello, dove si fanno sempre incontri interessanti (e si sostiene con gioia il presidio culturale). Per non parlare, rimanendo in ambito letterario, del Premio Internazionale Capalbio che è ormai un appuntamento fisso nella piazzetta Magenta, nel cuore della "piccola Atene" dove i libri e le conversazioni nei weekend estivi intrattengono le romane e non solo. Queste, infatti, si dividono con disinvoltura tra il calendario di Capalbio Libri, manifestazione in auge dal 2007, e gli appuntamenti organizzati da Maria Concetta Mattei al Frantoio: fortunato mix tra ristorante, libreria, bar con musica, boutique, e uno spazio espositivo nato, si dice, su input di Philippe Daverio (anche lui era un *habitué* della Maremma).

Per ricambiare gli inviti senza essere "costrette" ad allestire tavolate sotto i pergolati, un ristretto gruppo di romane sa di poter contare su un circolo esclusivo in riva al mare, nell'enclave creata dall'imprenditore Carlo Puri Negri. La Macchia è un piccolo presidio di alta socialità a Macchiatonda, dentro la riserva naturale del WWF.

Stesso mare, stesso litorale; a pochi chilometri di distanza c'è l'Ultima Spiaggia, uno stabilimento balneare noto come *buen retiro* e circolo mondano (tendenza intellettuale) senza essere codificato come tale. Le romane che tornano tutti gli anni sono un gruppo molto compatto, quasi si conoscessero da sempre. Una cliente storica racconta di essere stata cronometrata per il tempo impiegato a raggiungere l'ombrellone assegnatole: 45 minuti, a forza di salutare e scambiare "due" parole. Nel frattempo, il compagno, meno social, aveva già fatto il bagno e si era asciugato al sole. Riccardo, uno dei quattro fondatori dell'Ultima Spiaggia, dice: «Le nostre frequentatrici romane sono tutte persone alla mano, disposte allo scherzo rispettoso e, anno dopo anno, sono diventate amiche». Ma il desiderio della prima fila è una cosa seria.

ACCAPPATOIO BIANCO ALLO ZOLFO

Tutte le donne conoscono i benefici del tempo speso nelle stazioni termali: le romane ne hanno diverse a portata di pochi chilometri. La prima è quella comunale a Viterbo, dove le capitoline sanno di non dover andare durante il fine settimana per il grande affollamento, e allora arrivano in una giornata feriale scelta con cura per volersi bene. Poi ci sono quelle storiche di Saturnia, che nelle mezze stagioni e in inverno vanno prenotate in anticipo: l'odore delle sue acque sulfuree si sente da lontano (la temperatura è costante a 37,5 °C) e il contesto profuma di privilegio. E poi ci sono Le Terme di Vulci, un *glamping* con vasche molto chic e altrettanto gettonato dalle capitoline attratte soprattutto dal pacchetto di tre giorni dal nome eloquente *Women's Retreat* (Fuga tra amiche). Non solo bagni e massaggi, anche arte, moda e musica in mezzo alla pace della Maremma laziale. Il côté della Roma imperiale le capitoline lo ritrovano nella villa e nel parco naturale Oasi di Porto, dove ci sono le QC Terme (via Portuense), oppure nell'hammam di AcquaMadre al Ghetto in cui si passa dal calidarium al frigidarium attraverso i vapori.

IL MARE VICINO

A sinistra della rotonda di Ostia c'è Capocotta, dove è di moda fare un salto anche infrasettimanale o d'inverno nelle giornate tiepide – e dove se si incontra una coppia clandestina si fa finta di niente non per complicità ma per quieto vivere –, per quel suo sapore "pasoliniano" tra le dune e le palafitte alternative che sanno di cultura popolare della Roma anni Sessanta.

A Fregene, la Forte dei Marmi di Roma, cresciuta in densità durante il lockdown quando è stata presa d'assalto dai romani che scappavano dall'appartamento per avvicinarsi allo iodio, si continua ad andare per motivi vari (anche qui c'è la fazione che preferisce Maccarese e il Villaggio dei Pescatori): in questa striscia di litorale resiste il fascino degli stabilimenti nati per le lunghe vacanze delle famiglie che ancora oggi mandano i bambini con nonni e tate (mentre i genitori fanno i pendolari). Un'attrazione celebrata definitivamente da Tommaso Paradiso, quando era The Giornalisti, in una delle sue canzoni più famose dal titolo *New York* nel verso «delle docce all'aperto a Fregene...», abbinate con nostalgia al profumo delle Wilson da tennis nuove e delle Superga al mare. E a Fregene ha la villa da sempre Enrico Vanzina, che probabilmente avrà usato questo punto di osservazione privilegiato per farsi ispirare e raccontare – insieme al fratello Carlo – il mondo delle "bionde" romane. Allo stabilimento balneare Albos si continua a giocare a pallavolo tra le file di cabine a destra dell'ingresso, con i professionisti che fanno squadra con gli "amatori" più in forma; sulla sabbia invece si fa prova di una nuova disciplina – non ancora olimpica – con i racchettoni e a squadre, giocata su campi recintati per non centrare in pieno la signora sul lettino. Diverso sport, ma stesso bagno di sudore sotto il sole estivo, con gli atleti del fine settimana "impanati" dalla sabbia, sotto lo sguardo muliebre in bilico tra l'ammirazione e il disappunto. Se a Ostia il Gambrinus è noto per i granelli quasi neri (effetto solarium rinforzato), desideratissimi da chi punta a una abbronzatura veloce e *strong*, una trasgressione da tenere nascosta al proprio dermatologo, l'Albos si trova su un abbondante lembo di sabbia chiara come gli altri "fratelli" fregenesi, ed è dotato di piscina (una manna per i più piccoli, che in questo modo vengono tenuti sotto controllo più facilmente), perché il mare è quello che è, la Sardegna si trova oltre la linea dell'orizzonte. Non solo bagni di sole, anche il food ha il suo perché: resistono gli spaghetti alle vongole di Mastino anche dopo la scomparsa di Lillo Mastino, una celebrità dietro i fornelli come famosi sono i suoi clienti. Le *bon vivant* hanno la certezza di scorgere qui il vip la domenica fuori stagione; e anche a qualche chilometro di distanza il mare è lo stesso, sotto il castello di Santa Severa, tra i tavoli dell'Isola del Pescatore dove Totti ha portato Ilary per fare colpo ai primi appuntamenti. Ecco svelata un'altra fortuna delle romane (e dei romani): poter andare a mangiare il pesce sulla spiaggia (in altre parole, *pied dans l'eau*) tutto l'anno, ma prenotando con larghissimo anticipo, altro segreto.

Nella zona accanto al Castello Odescalchi, in un tratto di litorale – Palo Laziale – con un'atmosfera tra l'onirico e il "senza tempo", lontana da qualunque possibile immaginazione di ombrelloni e di tutto esaurito, La Posta Vecchia rappresenta un luogo imperdibile per le romane che hanno avuto la fortuna di conoscere e frequentare questo angolo dove il glamour si confonde con il paradiso. Questo posto mantiene intatto il fascino di quando era la residenza di un esteta dal carattere difficile come John Paul Getty, che ne ha determinato l'aspetto unico facendosi guidare dallo storico dell'arte Federico Zeri. Nell'atrio fanno ancora bella mostra di sé un arazzo del XVII secolo, una mappa del Piranesi e busti di marmo che raffigurano Vespasiano e Agrippa. Sotto lo sguardo dei due imperatori romani, Yvonne e Marie-Louise Sciò – le figlie del patron Roberto Sciò che tiene le redini anche del Pellicano di Porto Ercole e del Mezzatorre di Ischia – radunano per occasioni speciali un parterre cosmopolita. Attrici, designer, imprenditrici della moda ballano in un orizzonte incontaminato sulle note di dj arrivati da Londra e non rinunciano alla mitica Cacio e pepe servita in versione *showcooking*.

CASTELPORZIANO, LA TENUTA DEL PRESIDENTE

Entrare in Tenuta era particolarmente ambito e solo per poche elette (ed eletti) che accedevano esclusivamente su invito; negli ultimi anni, invece, è diventato appannaggio anche del pubblico, che può prenotare una visita (le romane salutano ogni gesto di apertura con soddisfazione, anche se poi segretamente rimpiangono l'evaporare del privilegio). Il presidente Mattarella ha voluto aprire la Tenuta per iniziative di carattere sociale e per farla vivere agli italiani: 6.000 ettari di proprietà con percorsi naturalistici, un luogo fuori dal tempo. Perse nei propri pensieri, alcune romane, una volta sul posto, vengono sopraffatte dal dubbio di trovarsi in un dipinto inglese (dalla macchia mediterranea può apparire all'improvviso un cerbiatto), per poi tornare felicemente alla realtà quando, attraversato il parco con vista sulle querce secolari, si arriva a toccare la spiaggia incontaminata: tre chilometri di litorale, niente ombrelloni o sdraio in riva al mare. Castelporziano è stato anche un set: nel tratto di spiaggia libera è tornato di recente Carlo Verdone in occasione del quarantesimo anniversario del film cult *Borotalco*, per scattare foto nel punto esatto in cui era sdraiato con Eleonora Giorgi a parlare di astrologia.

LA MONTAGNA NON È LONTANA

Cortina e Gstaad, due località di montagna dove, anche volendo, per le romane la mondanità non si spegne mai, inverno ed estate. E poi c'è il "caso" Abruzzo, con la punta di diamante rappresentata dal borgo Santo Stefano di Sessanio, una vera e propria "perla" portata in auge dall'imprenditore danese Daniele Kihlgren con la sua iniziativa di recupero: parte delle abitazioni abbandonate del centro storico sono state trasformate in un progetto di "albergo diffuso" che ha reso la località una meta di turismo non convenzionale. Come nel caso del matrimonio superchic celebrato sull'altipiano della Maiella con tanto di servizio fotografico su "Vogue". Sempre in provincia dell'Aquila, si sono formate le enclave di Rocca di Mezzo, di Ovindoli e di Campo Felice, ma le romane si avventurano per il trekking e lo sci anche nella zona di Pescocostanzo, Rivisondoli e Roccaraso, dove si mescolano con le napoletane in netta maggioranza. In ascesa Pescasseroli, nel cuore del Parco Nazionale d'Abruzzo (nonostante le capitoline soffrano le strade con i tornanti), sulla scia del nativo pierre milanese Paride Vitale. Il vincitore acclamato, in coppia con Victoria Cabello, dell'edizione 2022 del format

Pechino Express non solo ha creato una linea di prodotti beauty, Parco1923, che esporta in tutto il mondo i profumi del Parco Nazionale d'Abruzzo, ma ogni anno organizza in loco un torneo di burraco, vari shooting fotografici e installazioni d'arte nei boschi, portando in vacanza qui il suo giro di amici.

BENEFICIO BENEFICENZA

Le romane hanno una predisposizione naturale a dedicarsi al prossimo, una propensione che arriva da lontano ed è direttamente proporzionale alla tendenza all'accoglienza, sviluppata nei secoli. Certo, se la raccolta fondi implica una serata esclusiva, sono più contente (amare la convivialità è conforme al loro animo), ma non è la condizione per aderire a una sollecitazione *charity*. Spesso fanno del bene, ma non lo ostentano. Se vengono invitate di mercoledì sera, rispondono con naturalezza che devono aiutare a preparare o servire alla mensa della Comunità di Sant'Egidio, oppure che devono organizzare la vendita speciale a scopo benefico. In questo secondo caso fanno rete volentieri per la ricerca di sponsor tecnici come designer, fioristi, catering. Sono specialiste nel creare "catene" solidali su WhatsApp per vendere i biglietti di uno spettacolo interamente devoluto a una delle tante cause da sostenere. Ci sono eventi estemporanei e appuntamenti fissi come Il Circolo di San Pietro due volte l'anno, per realizzare le opere di carità del Pontefice (da 150 anni dà assistenza ai bisognosi di Roma), il Pic-nic di Theodora una volta l'anno, a primavera, per regalare sorrisi e sogni ai bambini ricoverati, e c'è il sostegno continuo all'Ospedale Pediatrico Bambino Gesù soprattutto con l'ospitalità alle famiglie che arrivano da fuori città e hanno bisogno di un alloggio. Le romane si rimboccano le maniche e mettono al servizio della causa risorse e conoscenze. Organizzano tavoli di amiche per raccogliere fondi da destinare a onlus certificate come Mus-e, con il suo progetto multiculturale finalizzato all'integrazione dei bambini stranieri nelle classi primarie attraverso l'arte. Un impulso ulteriore le ha unite nel sostegno alle attività della Croce Rossa nelle zone di guerra: c'è chi ha acquistato un'opera d'arte il cui valore è stato devoluto per intero alla causa, con il concorso del gallerista e dell'artista, e chi ha raccolto capi di abbigliamento (troppo a lungo parcheggiati negli armadi delle famiglie romane). Le dame volontarie del Sovrano Ordine di Malta si spendono continuamente e senza clamore a supporto delle tante missioni umanitarie sparse nel mondo. Presiedere il McKim Medal Gala, l'evento annuale di raccolta fondi da destinare alle borse di studio dell'American Academy in Rome, per le capitoline dell'alta società equivale ad appuntarsi sulla giacca la rosetta del cavalierato. La missione è riempire i tavoli di mecenati e di glamour, come accade per l'evento "gemello" di New York, contribuendo ad alimentare il dialogo creativo e intellettuale tra Italia e Stati Uniti.

A livello di quartiere, una menzione speciale va all'associazione Guglielmo Huffer che tutela il giardino di piazza Cairoli lungo la via Arenula, oggetto di una mobilitazione di romane (e romani) volontarie che hanno unito le forze, organizzato eventi di *fundraising*, pulizie e manutenzione per far tornare a nuova vita lo storico spazio verde. Il primo giorno di primavera (del 2022) sono anche arrivati i tavoli con le scacchiere, e la prima edizione del torneo "Blitz" in piena estate (sei turni di gioco con tempo di riflessione di 5'+3"). E poi c'è la dedizione dell'associazione Amuse che si occupa della piantagione di nuovi alberi nel II municipio con il progetto "Dona un albero al tuo quartiere"'. Un gesto doppiamente poetico, grazie all'etichetta con la dedica del donatore affissa sul tronco.

«LE ROMANE HANNO UN'ATTITUDINE NATURALE VERSO IL CHARITY: SI RIMBOCCANO LE MANICHE E METTONO AL SERVIZIO DELLA CAUSA RISORSE E CONOSCENZE.»

DONNE PREMIANTI

Ci sono romane che hanno il dono di saper aggregare e l'abilità di individuare, con il supporto di giurie prestigiose, il gotha dell'eccellenza italiana, ovunque si trovi. Per canalizzare questa loro attitudine hanno istituito riconoscimenti diventati un punto di riferimento anche fuori dai sette colli.

Il Premio Guido Carli, per esempio, nato da un'intuizione di Romana Liuzzo, presidente della Fondazione Guido Carli e nipote dell'ex governatore di Bankitalia nonché ministro del Tesoro che firmò per l'Italia il Trattato di Maastricht. Romana di nome e di fatto, per di più nata il 21 aprile – il giorno del Natale di Roma –, da dodici anni porta alla ribalta (da Montecitorio a Palazzo Madama, fino all'Auditorium Parco della Musica) anche personalità femminili di spicco, tra cui Barbara Palombelli e Ornella Barra, Monica Maggioni, Giovanna Melandri, Elisabetta Belloni, Mariangela Zappia.

Simona Agnes, presidente della Fondazione Biagio Agnes, dal 2011 guida i passi del Premio Biagio Agnes, dedicato all'apprezzato direttore generale della Rai negli anni Ottanta e con una carriera esemplare nell'azienda pubblica. Agnes convoca una volta l'anno, sullo sfondo di Capri, Sorrento e Roma, i campioni e le campionesse italiani e internazionali del giornalismo e dell'informazione, vedi Myrta Merlino e Silvia Calandrelli.

Il ventennale Premio Anima valorizza il contributo apportato da personalità del mondo dell'arte e della cultura alla crescita etica. Per raggiungere questo obiettivo sceglie vincitori nelle categorie cinema, teatro, fotografia, giornalismo, letteratura. La cerimonia annuale, che si svolge sulla magnifica terrazza di Palazzo Caffarelli, è il risultato finale di un costante lavoro di scouting condiviso con la giuria che ha sancito l'ingresso nel palmarès delle romane Laura Delli Colli, presidente del Sindacato Nazionale Giornalisti Cinematografici italiani, e Pepi Marchetti Franchi, direttrice della Gagosian Gallery. «Le romane che partecipano al Premio sono soprattutto imprenditrici. Oggi quando si parla di etica, si parla anche di sociale e di solidarietà. E l'aspetto si è molto evoluto da quando è diventato un messaggio di cultura d'impresa» racconta Sabrina Florio, imprenditrice, presidente del Premio Anima e vicepresidente di Unindustria.

UN ARCOBALENO DI COLORIAGE

Le romane, che sentono la responsabilità di mantenere vivo il retaggio della moda su misura e del fatto a mano, esultano quando trovano nuovi luoghi dove si pratica l'antica e preziosa arte del cucito. La sartoria sociale del Villaggio Globale, nota come Coloriage, è uno di questi: impiega rifugiati provenienti da Senegal, Siria, Bangladesh che dopo un periodo di formazione, di cui si occupano docenti di accademie di moda prestigiose, vengono inseriti in questa importante realtà di integrazione socio-professionale. Il progetto ha conquistato velocemente una nicchia di capitoline eclettiche, condotte a Testaccio dal passaparola e da quel fiuto per le situazioni fuori dai canoni. Qualche indizio? Le shopper di tessuto wax esposte nel bookshop del Museo Macro in via Nizza e i kimono double-face appesi nelle botteghe dell'Altromercato, dediti al commercio equo e solidale (la più centrale in via di Ripetta). Entrambi i segnali tangibili e colorati hanno portato le più attente fin dentro il perimetro dell'ex Mattatoio, un sito di archeologia industriale che ospita anche la Scuola Pololare di Musica di Testaccio, il Mattatoio appunto — una "costola" del Palazzo delle Esposizioni, dove si fa ricerca con mostre e performance —, l'Università degli Studi Roma Tre. E così si allunga la lista dei clienti del laboratorio sartoriale che confeziona pantaloni, gonne, giacche, runner per la tavola, *placemats*; il laboratorio è affacciato sulla spianata della Città dell'Altra Economia, accanto all'officina di falegnameria sociale K_Alma, per restare in tema di artigianato e inclusività. Valeria Kone, presidente della cooperativa, mentre sfoglia i tessuti e propone abbinamenti originali tra le stampe delle stoffe africane e i più classici gessati, racconta i legami di Coloriage con il cinema, la moda e l'arte contemporanea. Si va dalla partecipazione ad AltaRoma, nella sezione A.I. Artisanal Intelligence, con un'installazione dedicata a Pasolini e l'Africa, alle collaborazioni con il set di Paolo Virzì, con la performance di Muna Mussie al Mattatoio e con il Festival d'Automne di Parigi. Un'evoluzione continua, un'ode all'abilità manuale e alla condivisione.

FIORI AD ALTO GRADIMENTO

A Roma, tra i tanti mezzi di locomozione ormai in circolo, si sono ritagliati un posto a parte le Ape Car che trasportano la vetrina dei fiori nel cassone. Girano la città con il colore frammisto al verde che ondeggia a ogni curva (o buca) pericolosa quasi fosse una danza, si fermano alcuni minuti in punti nevralgici per la vendita e poi sono pronti a ripartire per altri tour. Hanno clienti affezionate che li adocchiano senza sforzi al "solito posto" oppure li fermano al volo (senza fischio) come fossero un taxi. Portano gioia, al di là della preoccupazione per la qualità. E poi ci sono i chioschi di quartiere, alcuni aperti solo la mattina o al massimo nel primo pomeriggio, seguendo la consuetudine dei mercati rionali. Le romane conoscono bene la mappa floreale della città e sanno dove possono approvvigionarsi (ci sono rivendite aperte anche h24); qualcuna poi ama acquistare anche solo un piccolo mazzo di fiori di stagione per la soddisfazione di attraversare piazza di Spagna e sentirsi ammirata in quanto *insider* della città (in uno dei posti a più alta concentrazione di turisti). Abbiamo già raccontato di Dylan Tripp, ma c'è un altro indirizzo cult che consegna composizioni e piante in tutta la città su camioncini coperti da vetrofanie studiate per far battere in anticipo il cuore delle romane, che sperano di essere proprio loro le destinatarie. Si tratta

dello showroom/atelier ai Parioli di Maria Luisa Rocchi, che ha dato corpo alla sua passione scoccata da adolescente. Le residenti in altri quartieri fanno in modo di "capitarci" per curiosare tra le novità, selezionate soprattutto all'estero per il gusto della ricerca e dell'esclusività, o fatte fare apposta da artigiani e artisti italiani per il brand. In tempi non sospetti, Maria Luisa è stata, infatti, la prima ad accompagnare i fiori con un vaso per facilitare la padrona di casa, doppiamente grata (anche per il contenitore che resta in collezione).

IL MITO EUCLIDEO

Nell'immaginario comune piazza Euclide è il fulcro della socialità di matrice "pariolina", nonostante nei fatti assomigli più a un crocevia trafficatissimo che a un salotto. L'idea conviviale viene comunque preservata dall'edicola – la sua resistenza è il segnale che qui si mantengono le buone abitudini borghesi – e dai portici simmetrici che guardano la basilica del Sacro Cuore Immacolato di Maria. Nata insieme ai Parioli – lo stile neoclassico è tipico dell'architettura ecclesiastica ben visibile in zona –, le sue scale sono occupate all'ora dell'aperitivo, e soprattutto nel weekend, dalle giovani leve. Le famigerate "macchinette" (croce, più che delizia, delle mamme locali che però le ritengono un passaggio necessario) sono praticamente nate qui, dove continuano a ribadire la loro supremazia sui pedoni perché vengono parcheggiate in ordine sparso con la musica a fior di timpano.

In questo intreccio urbano ha un ruolo chiave da anni il laboratorio di analisi Bios, dove le romane della parte settentrionale si incontrano anche senza darsi appuntamento, rigorosamente a digiuno ma senza dimenticare un velo di rossetto (per usare una metafora, declinabile). Il postprelievo conduce in automatico a due insegne che hanno notoriamente il potere di far tornare il buonumore dopo l'alzataccia. Da una parte L'Euclide, per il cappuccino e il cornetto, dall'altra l'atelier di Maria Luisa Rocchi, per gratificarsi con una composizione floreale di classe.

Ci sono altri due indirizzi che le romane sono abituate a "incontrare" per la salute. In primis, la struttura pubblica del Policlinico Gemelli, una città nella città, il Sommo indirizzo — anche perché è l'ospedale di riferimento di Sua Santità —; per orientarsi nei meandri della grande e autorevole struttura si armano di mappa e del tempo necessario per arrivare ai vari padiglioni senza perdersi nei parcheggi. Il secondo punto di riferimento è l'U.S.I. che tra le strutture private è una delle più gettonate dalle capitoline. La famiglia proprietaria è alla terza generazione e alla stessa generazione sono arrivate le clienti romane: le nonne accompagnano le nipoti negli studi disseminati in tutta Roma. E per ritornare ancora una volta al tema derby, esistono due cliniche che hanno la prerogativa di accogliere la Roma e la Lazio, e non sono intercambiabili: Mater Dei e Paideia.

TRE AMICHE AL PARCO

Correva l'anno 1984 quando tre amiche che portavano a spasso i loro neonati tra i viali "verticali" di Villa Glori, uno dei polmoni verdi di Roma Nord, iniziarono a parlare in libertà di un sogno comune. È nato così il brand Albicocca, ancora oggi punto di riferimento delle romane (non solo di casa ai Parioli), che lo hanno adottato insieme alle sue buste color albicocca appunto: se non ne hai almeno una in casa la tua socialità va riconsiderata. Il segreto nemmeno così gelosamente custodito è che i "motori" dell'impresa continuano a divertirsi e soprattutto a rispondere senza esitazioni alle continue richieste di novità. Le romane che entrano da Albicocca descrivono i gusti della destinataria del regalo e poi pronunciano tutte la stessa frase: «Siamo invitate a una cena, cosa possiamo portare?», scatenando le controdomande, e le proposte, che fioccano con garbo e dopo un buon gioco di psicologia: la destinataria è classica o sportiva? Alta o minuta? Ama i colori? Qual è il budget indicativo? Negli anni, in via Archimede il flusso continuo di clienti con i loro quesiti ha affinato la selezione di accessori "furbi", che arrivano a includere anche le borse e i costumi da bagno. Da sempre, con la complicità di un laboratorio artigianale italiano che sa trattare pellami e passamanerie. Qui approda anche la quattordicenne che ha imparato dalla mamma, a sua volta figlia di una cliente. «Non vogliono la serialità e soprattutto non amano l'acquisto online. Preferiscono vedere e valutare gli oggetti e affidarsi al nostro consiglio» racconta con immutato entusiasmo Elena Bonazzi.

GLORIA NEI CIELI ROMANI

Per finire in gloria, le romane hanno quattro luoghi che sono più iconografici di altri per il "saluto" definitivo. Oltre a San Pietro – nessuno può dimenticare l'evento per l'addio a papa Wojtyla con le pagine del Vangelo sfogliate dal vento – le chiese che "fanno notizia" in caso di estremo saluto sono: la basilica di Santa Maria degli Angeli e dei Martiri, la chiesa degli Artisti a piazza del Popolo (uno dei pochi casi in cui al passaggio del feretro è ammesso l'applauso), la chiesa di San Roberto Bellarmino e quella di San Lorenzo in Lucina. Ognuna di loro ha un bar di riferimento dove i partecipanti si ritrovano prima o dopo la cerimonia. Sotto la galleria in via Vittorio Emanuele Orlando vanno da Nino o al Caffè dell'hotel Esedra, da Canova o da Rosati, da Ciampini o da Vitti, all'Hungaria o al Cigno, qualche passo più in là. La passione per il derby, tra i sette colli, non tramonta mai, c'è sempre un contesto per esercitarsi e sentirsi parte di un gruppo o dell'altro. Ai funerali che contano, si sa, vanno anche i fotografi e i paparazzi, dunque non c'è solo da decidere l'outfit e l'intensità del nero da indossare, ma anche rispondere all'interrogativo a monte: «Mi si nota di più se vado e me ne sto in disparte o se non vado per niente?», parafrasando la massima cult da *Ecce Bombo* di Nanni Moretti.

VEDO BIANCO

Per sposarsi a Roma scordatevi il last minute di Las Vegas. Le chiese vanno prenotate con largo anticipo, con il vantaggio che c'è tempo per i ripensamenti (le promesse spose in lista d'attesa sperano così di salire nella graduatoria). Le più gettonate dalle giovani romane che vogliono coronare il loro sogno in modo eclatante sono la basilica di Santa Maria in Aracoeli, San Pietro in Montorio, Santa Sabina all'Aventino, San Sebastiano fuori le mura, la basilica di Santa Francesca Romana, la chiesa dell'Immacolata, la basilica di Santa Maria in Montesanto; ma questa prestigiosa lista viene meno di colpo quando le capitoline indirizzano la scelta verso la chiesetta di campagna (Santa Maria di Galeria e tutti i Castelli Romani), ancor meglio se dentro la proprietà di famiglia.

Per il rito civile il massimo resta il Campidoglio, anche per lo scenario e il Marco Aurelio che sovrintende dall'alto del cavallo imperiale, uniti alla sensazione di avere Roma ai propri piedi ed essere al centro della Storia; oppure la chiesa sconsacrata di Caracalla, Santa Maria in Tempulo alle pendici del Celio, una vera delizia. Le romane in procinto di sposarsi aspirano a entrare nei salottini di prova delle maison Valentino, a Palazzo Gabrielli-Mignanelli, oppure Dior, Alberta Ferretti, Max Mara: è un grande privilegio avere a portata di mano sarte che il mondo ci invidia.

E poi il monomarca Antonio Riva a Palazzo Grazioli, dove si accontentano le richieste di abiti di pizzo; l'Atelier Emé e la Maison Gattinoni, con Guillermo Mariotto sempre felice di incontrare le spose e un po' meno per l'ingerenza parentale che si palesa di fronte alla decisione del modello. Queste sono solo alcune delle griffe dove le future mogli possono trovare il proprio abito dei sogni, ma esistono anche valide sartorie di abiti nuziali. Un indirizzo che va per la maggiore in virtù della raffinatezza è Acquachiara di Gabriella Rio. Qui il gioco psicologico è perspicace perché ha consapevolezza della lieve fragilità del momento. Arrivate nell'accogliente atelier dal bianco candido, nel 99,9% dei casi la frase iniziale delle future spose è: «Lo voglio semplice ed elegante». Cosa significa? Tagli limpidi ed essenziali che non escludono maestosità, e la seta come tessuto. Le romane non transigono sul voile di seta fluente e leggerissima, il *luxury* dei tessuti che fa molto anni Sessanta. Il risultato all'ombra del Cupolone, in ogni caso, è da favola.

Le spose vogliono provare il menu: uno dei must è Oliver & Co. con la sua vetrina in via della Penna, passaggio obbligato prima degli assaggi nel suo loft *multitasking* accanto alle mura della Città del Vaticano. Scenografia e sostanza, le capitoline non rinunciano a nulla. L'età media aumenta, secondi matrimoni idem e non vogliono strafare. «Voglio fare una festa, non il solito matrimonio, con le dovute eccezioni.» Assaggia qui, assaggia là per due giorni, poi dieta per rientrare nell'abito bianco. Ogni allestimento di tavola è diverso e coincide con il carattere della committenza, si parte dalla location e dal numero. Eleonora Cosi e Ginevra Olivieri (Oliver & Co., appunto) impersonano la quota serenità delle spose e di chi festeggia anche solo un compleanno, o un'altra occasione. il loro tocco è inconfondibile perché diverte e appaga. Le romane hanno sviluppato una dipendenza dalle loro "box" per la festa consegnate a domicilio – fenomeno del lockdown – ma adesso le persone vogliono uscire, e quelle restano per gli uffici. I diciottesimi sono imponenti, le giovani romane sono scatenate. La festa a tema sta tramontando.

"PAPARAZZO A CHI?"

Il complemento necessario, anzi indispensabile, a ogni convivio con aspirazioni mediatiche è il fotografo romano, discendente diretto del paparazzo anni Cinquanta e Sessanta che aveva fatto la fortuna de *La dolce vita* (come il titolo del film che gli ha dato fama e nome), e che oggi è più affine a un ritrattista e a un testimone del costume. Il fotografo della mondanità sta comunque alla socialità romana come il guanciale alla matriciana: non si limita solo a raccontarla, la sublima. Le romane sono coscienti di detenere il primato italico in questo settore, e ovviamente ne approfittano. L'avvento dello smartphone può mettere in discussione la professione, ma non riuscirà a mandarla in pensione, perché c'è qualcosa di atavico e di affascinante nel flash del professionista che ti mette sul piedistallo, equivale insomma a una consacrazione. Partiamo dall'outsider Umberto Pizzi, una star del settore che conserva, e alimenta continuamente, un archivio straordinario di personaggi e storie (anche i suoi racconti, per chi ha la fortuna di ascoltarli, sono un tesoro). «Io non sono mai stato un paparazzo, ma ne ho conosciuti tanti» ha detto intervistato da *formiche.net* dove firma una rubrica, citando, tra i tanti dell'élite dei tempi in cui si andava all'inseguimento su via Veneto, Zeffirelli, Mastroianni, Vittorio Emanuele di Savoia, e poi la Ekberg e Marcellino Radogna, considerato il fotografo della nobiltà.

Il sito di gossip di Roberto D'Agostino, Dagospia, è partito insieme a Pizzi e al suo occhio vigile e acuto, a tratti dissacrante: impossibile non citare la stagione dei Cafonal inaugurata all'inizio del Duemila. Mentre tutti restavano incollati ai vip del cinema, Pizzi rivolgeva l'obiettivo della sua Nikon in direzione dei personaggi dell'alta finanza, della politica e dell'imprenditoria. Fino al passaggio di testimone all'allievo e amico, il bravo e acuto Luciano Di Bacco. Per molte romane mettersi in posa davanti alla sua macchina fotografica è uno status symbol. Agli eventi fanno di tutto per farsi notare e per poter uscire nei servizi di gossip del celebre sito di D'Agostino. Rino Barillari continua invece a essere fedele al modulo della "caccia al vip", confermando il soprannome "il King dei paparazzi". Il suo terreno di azione è tra Pierluigi, Dal Bolognese, via Veneto e piazza Navona. Tutti lo conoscono e, se possono, tra una foto rubata e l'altra si fanno raccontare qualche aneddoto al grido di «*La guera è guera*» (con un "r", alla romana).

LE ROMANE BALLANO

Per qualcuna è il sogno dell'infanzia che si realizza, per altre è un desiderio indotto dal successo del format del sabato [N.d.A. *Ballando con le stelle*] che resta inconfessabile. Le migliori feste romane dove è prevista la discesa in pista (la canzone che scatena le danze e mette d'accordo tutte le generazioni è senza dubbio una qualunque hit di Raffaella Carrà) non possono non avere come ospite un animatore di comprovate capacità didattico-ballerine, meglio se della squadra dei maestri visti e imitati su Rai1. Lo Ials al quartiere Flaminio è un'istituzione (con temuto saggio finale, che però viene affrontato con allegria grazie allo spirito di "squadra"), qui sono state avvistate giornaliste e cantanti tra le allieve del corso di danza classica – ricercato per tenere toniche le gambe e le terga –; ma le romane frequentano anche le lezioni di salsa e merengue consapevoli che il ritmo latino-americano sprigiona serotonina e procura, come effetti collaterali, la felicità e l'oblio dalle ansie cittadine. C'è chi ha iniziato per caso, come la giornalista TV Maria Leitner, per tenersi in forma e mantenere la postura giusta, oltre che per condividere un tempo di qualità con le amiche e colleghe Giovanna Trapani e Pilar Ottoz, e poi si è ritrovata alle prese con una disciplina che mette a dura prova la resistenza e la tenacia. Guidata dai maestri dell'accademia nazionale di ballo Fuego Latino, Simone Ripa con il papà Walter, confessa: «È più difficile di quanto pensassi, se perdi una lezione perdi l'attimo...». Le lezioni finiscono spesso ai tavoli della vicina pizzeria Mamma mia, perché il ballo non solo aggrega, ma fa anche venire appetito. È la rumba la danza preferita dalla stilista e imprenditrice Lavinia Biagiotti, che si scatena con il suo istruttore Fabrizio nella ex stalla del castello "Marco Simone" (golf e country club sede nel 2023 della prestigiosa Ryder Cup), come ha dichiarato lei stessa con entusiasmo.

Altra piroetta, altro indirizzo di riferimento per le romane. Emanuele Pironti, già danzatore dell'opera *Nôtre Dame de Paris*, coreografo e insegnante della scuola di ballo Dance Movement Pironti, racconta: «Ci sono allieve che escono dagli schemi perché vogliono mettersi in gioco, dimostrare a sé stesse di potercela fare e stare bene». Le signore romane di solito fanno una prova prima di iscriversi, e dopo alcune lezioni ritrovano sicurezza e femminilità da riflettere nel quotidiano. E sono consce che non si tratta di fitness, ma di una disciplina vera e propria.

A CASA NON A CASO

Anche in una situazione così anomala e drammatica come il lockdown, le romane non si sono perse d'animo. Prima di tutto hanno rivoltato la casa, messo in ordine gli armadi ragionando sul fatto che avrebbero avuto molti abiti nuovi per la stagione seguente, sistemato le librerie. Chi aveva un terrazzo proprio si è resa conto di avere un "tesoro", le altre si sono organizzate con la terrazza condominiale per fare ginnastica, camminare, prendere il sole. Alcune si imponevano di fare le scale fino all'ultimo piano, ripetutamente. Hanno cominciato a seguire le lezioni di zumba e di yoga online. Si sono stancate presto degli aperitivi sulla piattaforma Zoom: all'inizio è apparso come un bel diversivo, ma poi questi appuntamenti caotici hanno finito per mostrare i loro difetti. Quelle meno avvezze alla cucina si sono avvicinate ai fornelli guardandoli con occhi diversi, soprattutto hanno intrapreso la strada della lievitazione per il pane casalingo. Qualcuna si è ritrovata i figli a casa dopo averli mandati a studiare fuori (e soprattutto dopo aver metabolizzato la sindrome del nido vuoto); altre hanno accolto di nuovo tra le pareti domestiche la prole adulta con un lavoro ben avviato in un'altra città, ma che grazie allo smart working è

«ATTRAVERSARE IN BICICLETTA VILLA BORGHESE O PIAZZA NAVONA, RIUSCENDO A DISTINGUERE IL SUONO DI FONTANE E "NASONI", È UNA SENSAZIONE ESALTANTE.»

tornata a casa: questa categoria diffusa di romane ha risolto siglando collegialmente con gli "inquilini di ritorno" una tabella di marcia (via WhatsApp) che oscillava tra autonomia e convivialità. Tipo: «Ci vediamo alle 18.30 in salotto per uno Spritz», oppure «Partitina di burraco dopocena?». E per la prima volta la *domina* romana è riuscita a far collaborare i familiari nella gestione della casa. Ogni tanto si è collegata con le amiche in rendez-vous che man mano sono andati a scemare, e la cooperazione coi vicini di casa è stata una bella rivelazione. Le sfide con i giochi di società (prima rispolverati solo a Natale) nel primo pomeriggio e le serie su Netflix sono state salvifiche: e chi ne trovava una interessante lo comunicava alle amiche e partiva il tam-tam. Nella lucida consapevolezza che non è stato "tutto rose e fiori", una parte di romane ha visto l'indotta "coercizione" domestica come un modo per riappropriarsi di un tempo che stava scorrendo troppo veloce, e magari anche per rivalutare qualche rapporto che dava per scontato.

Le prime timide uscite nella città ancora soggetta a regole e restrizioni hanno fatto scoprire alle romane una sensazione mai provata prima, se non nel mese di agosto, quando è tutto chiuso per ferie e la città si svuota. Ma anche allora, senza la pressione dei residenti, imperversano comunque i turisti. Nell'estate del 2020, invece, Roma appariva come uno splendido grande quartiere dove le residenti potevano passeggiare guardandosi attorno con occhi nuovi, sentendosi "padrone" di un territorio urbano fantastico. Attraversare in bicicletta Villa Borghese, piazza Navona, via Condotti praticamente deserte, riuscire a distinguere il suono delle fontane (e dei "nasoni") e scorgere l'erbetta tra i sanpietrini, scoprire in piazza di Spagna un set cinematografico che ricava il massimo dell'inquadratura dal trovarsi in un "campo libero", è stata una sensazione irripetibile. Poteva capitare addirittura di sentirsi chiamare per nome tra i vicoli del centro, o tra i viali dei parchi, perché ognuna era diventata riconoscibile su uno sfondo senza interferenze e tracce di *overtourism*. Le distanze tra le romane e la città si sono d'improvviso ridotte come non mai negli ultimi cinquant'anni. Difficile dimenticare quella sensazione, come altrettanto difficile è accettare il ritorno a una routine caotica che le capitoline hanno interpretato, dopo un primo momento di smarrimento, come un importante e cruciale ritorno alla vita (sociale, culturale, economica).

CAVE CANEM

Durante il lockdown le romane si sono ritrovate in casa un ospite inatteso che in periodi "normali" avrebbero respinto con fermezza: sua maestà il cane. E ci torna in mente la frase di Seneca: «L'amore per un cane dona grande forza all'uomo». Così è stato in molti casi, ma qualcuna poi, seppure sottovoce, manifesta un certo pentimento. Terminato il periodo dell'emergenza pandemica (durante il quale la pet therapy si è rivelata in molti casi salvifica perché offriva la scusa di lunghe e frequenti passeggiate), il quattro zampe arrivato "a tradimento", perché introdotto nella foto di famiglia dai figli adolescenti (che non aspettavano altro), è rimasto in carico alla padrona di casa che ogni tanto brontola tra sé e sé: «Lo sapevo!». Ed eccola ordinare il cibo da recapitare a casa, oppure uscire per procacciarsi i croccantini direttamente dal rivenditore di fiducia, cercando di incastrare la tappa tra le mille incombenze quotidiane. Molto gettonato è il negozietto di via della Torretta, perché il boccone di salsiccia secca elargito da Betty, come premio al Fido in visita con la padrona, è assicurato. Con le conseguenze ben note: già a qualche isolato di distanza, il guinzaglio tira e trascina la romana, con le scarpe basse per necessità, verso la bottega, perché la gratificazione crea nel cane un effetto equivalente alla prima casella del Gioco dell'Oca («Partire dal Via!»). Insomma, una dipendenza che fa cominciare, anche a livello inconscio, ogni itinerario della capitolina dal negozio di prelibatezze canine. Visto che Tutto per Noi (la rivendita sopra citata) è piccola internamente e può entrarci un solo cliente alla volta, le romane iniziano a chiacchierare in coda all'esterno: il comune denominatore, ovvero la frase pronunciata più spesso in questa situazione, è: «Anche io mi ritrovo il cane», ma in realtà, pur lamentandosi, alla fine dei conti lo adorano. Nella gestione dell'amato animale domestico c'è anche la tappa alla beauty routine (a meno che il cane non sia di piccola taglia, e allora è gestibile nella vasca di casa o in una bacinella in terrazza): l'attesa dell'appuntamento può variare da una settimana a venti giorni soprattutto in prossimità di feste comandate o ferie. La toeletta canina in viale Lima ai Parioli ha gran successo con le clienti residenti in zona, ma grazie al passaparola ha attirato anche adepte da altri quartieri. Dopo aver saldato il conto, una spruzzatina di profumo sul pelo è assicurata.

Le razze più in voga tra le romane negli ultimi anni sono: il french bulldog, grazie all'onda lunga della Ferragni (Matilda è una star al pari della padrona, ha anche un profilo Instagram personale), lo spaniel cocker, i bassottini, i labrador; resistono i jack russel, i barboncini toy, mentre sono in grande ascesa il volpino di Pomerania, una new entry, e il lagotto, praticamente un grande peluche da tartufo (quello romagnolo non perde il pelo). Quest'ultimo va forte anche se nella Capitale i preziosissimi tuberi si possono solo comprare, magari da Gargani in viale Parioli, da Volpetti in via Marmorata, o al banco di Le Bon Boulanger nel quartiere Trieste (la Bottega del Tartufo in via Borgognona le romane la lasciano ai turisti). Chi ha optato per i trovatelli suscita sempre un velo di ammirazione rispetto a chi ha scelto seguendo il prestigio del "pedigree" o le tendenze della moda *prêt-à-chien*. I nomi più diffusi sono quelli di persona: Mario, Orazio, Uma (Thurman), Gea, Josephine e Teodoro, con l'effetto che quando vai al parco si girano anche gli umani se il cane viene chiamato a gran voce. Portarlo fuori almeno tre volte al giorno è un altro capitolo che le romane condividono con i figli – se nel frattempo non sono andati a studiare fuori città– o con i mariti nel fine settimana. In centro storico, all'imbrunire, c'è un ritrovo dietro al Pantheon, all'ombra dell'obelisco sorretto dall'elefantino del Bernini, una vera icona (che mostra le terga al convento di piazza della Minerva in atto di sfida). E poi c'è la cosiddetta Valle dei Cani a Villa Borghese dove, per tacito accordo non scritto, si accede soltanto in compagnia del proprio pet, opportunamente educato, ubbidiente ai comandi per gestire senza controversie eventuali incontri con cani di grossa taglia. Qui tra le romane è un gran fiorire di conversazioni: il "club della Valle", senza mai perdere di vista il prezioso amico, affronta tutte le sfaccettature della gestione degli animali domestici, passando poi a sviscerare attualità, cultura, politica. È tra i platani secolari, piantati nel XVI secolo dal cardinale Scipione Borghese, che nascono e fioriscono gruppi di amiche impermeabili agli altri "giri" *dog free*: si organizzano cene e aperitivi, si pianificano uscite al cinema o a teatro. Roma ha molti polmoni verdi, quindi i luoghi di "incontri canini" sono numerosi e difficili da censire tutti. Vanno segnalati comunque il parco Yitzhak Rabin – nella fascia verde di rispetto di Villa Ada, altro luogo frequentatissimo dai guinzagli soprattutto nel settore più selvaggio e simile a un bosco – e Villa Pamphili, il parco più grande di Roma con 180 ettari di verde.

Il cane è insomma "motore" di socialità anche per i mariti, che tornano a casa dopo la passeggiata soddisfatti di aver fatto la conoscenza di una romana gentile, che a sua volta porta a spasso il cane. Dinanzi a questo, la moglie sorride, perché ha interiorizzato il film Disney *La carica dei 101*, elogio della coppia che si conosce e si innamora portando a spasso il cane. Una figura si è fatta largo negli ultimi anni anche nella città eterna: il dogsitter, uno dei migliori amici delle romane, come il laureando in medicina Giuseppe che va a ritirare i cani a domicilio sui pattini. Chi parte, prima ancora di fissare la data del viaggio, chiede la disponibilità del ricovero di Massimo Perla, notissimo addestratore di cani (anche grazie alle ospitate al *Maurizio Costanzo Show*). E poi ci sono i veterinari mediatici come Federico Coccia, che appaga l'occhio con il suo camice verde acqua. Vale la pena aprire una parentesi artistica. Le romane che frequentano musei, gallerie e studi sanno riconoscere il passaggio del maestro Luigi Ontani e della sua "benedizione" al lavoro di quegli artisti che suscitano in lui una reazione positiva: un confetto d'oro vicino all'opera con nonchalance. Un gesto che Ontani ribalta di significato quando, al rientro nella sua casa -atelier dove lavorò Canova, lascia gli stessi confetti ricoperti di foglia dorata sugli escrementi (!) non recuperati dai padroni dei quattro zampe. Lo scopo dichiarato: rifrangere le luci della sera come denuncia e *alert*, soprattutto personale (per non incappare con la suola in ciò che dicono porti fortuna).

EGREGIA SEPOLTURA PET

Roma e i suoi primati. Benito Mussolini chiamò il proprio veterinario e proprietario di una pensione per cani per far seppellire la gallina che era stata compagna di gioco dei figli. Era il 1923 quando nacque Casa Rosa, in zona Portuense, il più antico cimitero per animali d'Italia. L'area ospita non solo cani e gatti, ma anche animali per tradizione meno domestici però non per questo immeritevoli di sepoltura. Una telefonata e due ore dopo sono pronti per inumare il pet. Di solito la romana addolorata imbraccia la sua auto accompagnata da un'amica con cui si può lasciar andare. Difficilmente chiede ai familiari, per non creare il trauma (nel trauma) del distacco. Ed eccola raggiungere il cimitero in un batter d'occhio anche se non è una zona a lei familiare. Il proprietario racconta che alcune signore vanno tutti i giorni a rendere omaggio all'amico che non c'è più. «Sono cose talmente personali che molti capiscono e altri no. Per tale ragione non posso dire chi ha sepolto qui il proprio animale» sottolinea Luigi Molon. Il quale aggiunge però che nel cimitero, oltre a un leone e a tanti cani e gatti, ci sono anche due scimmie, papere, conigli, piccioni, pappagalli, cavalli, criceti e pure un passero. E le tombe hanno dediche, lumini, giochi, guinzagli e altri oggetti appartenuti agli animali lì sepolti. Le romane che non amano la collegialità e hanno un giardino spesso optano per tenere l'amato Fido vicino a loro anche dopo la sua dipartita (ci sono norme che regolano questa scelta), mentre qualcuna decide per la cremazione.

Per virare invece alla leggerezza: anche a Roma si è diffusa negli ultimi anni la moda del *dog birthday party*, che non invidia nulla alle feste di compleanno organizzate per i più piccoli. Il corredo c'è tutto, meglio se personalizzato: palloncini, torta di compleanno con le candeline, decorazioni a tema canino, biscottini a forma di osso, t-shirt con il ritratto dell'amato da regalare alle amiche, e buffet a parte – dolcetti *dog friendly*, croccantini e altre prelibatezze adatte al palato canino – per il festeggiato e i suoi amici, da tenere a bada mentre le invitate si godono la festa e le tartine. Chi ha il giardino organizza anche una caccia al tesoro, nascondendo dolcetti e giochini, e in estate allestisce una piscinetta per far sguazzare i quattro zampe.

POSTFAZIONE

La romana è una donna arguta.
Nel senso letterale del termine. Quindi sottile, vivace, sempre pronta a cogliere e a enfatizzare gli aspetti più singolari delle cose. Difficile coglierla impreparata. Anche perché ha sempre duemila anni di storia in più sulle spalle rispetto alle altre donne del globo. Per questo non si stupisce di nulla.
È abituata a tutto.
Creatura pronta, anche con quattro cognomi e palazzo di famiglia, a godersi una birretta seduta elegantemente sul marciapiede dell'enoteca del quartiere.
L'arguzia, dicevamo, è la sua qualità più eclatante. Se una donna qualsiasi comincia a esprimersi su un argomento, la romana è già arrivata alla fine del ragionamento, l'ha sezionato, elaborato e portato alle estreme conseguenze, ipotizzando soluzioni e immaginando retroscena.
Lei, infatti, è la creatura più politica dello stivale. Sa tutto e intuisce subito ciò che non conosce direttamente. Grazie alla sua arguzia possiede dei superpoteri che la rendono di sicuro una temibile nemica. Anche se difficilmente nutre rancore.
La romana preferisce dimenticare le persone che non le interessano o che le hanno fatto un torto. Non se ne cura, piuttosto. L'oblio è l'arma più amata nei confronti di chi non merita la sua attenzione.
La romana, poi, è troppo avvezza a muoversi nel bello assoluto per accorgersi di chi tenta di deturpare il suo paesaggio circostante.
Dove passa lei non ce n'è per nessuna. Fascinosa e apparentemente distratta, lieve ma strategica, capace di tutto, senza rivali per definizione.
Una sola donna, forse, un giorno, potrebbe darle del filo da torcere: la palermitana.

Giulia Cerasoli

Ringraziamenti
Un grazie di cuore alle romane
che ci hanno ispirato e continuano
a divertirci, e un grazie speciale
a Carolina, Federica, Francesca, Gabriella,
Gaia, Laura, Maria Grazia, Maria Sole.
E, naturalmente, grazie all'editore
che ha creduto in noi e nella forza delle romane, cosa mai scontata.
Un grazie complice a Marcello e a Roberto
per supportarci nelle nostre avventure caparbie.